全国高考语文现代文阅读

"热点作家"
经典作品精选集

试卷上的作家

杂花生树

杨海蒂／著

张国龙／主编

延伸阅读　备战高考
适合考生做语文阅读的散文集
走进语文之美，领略阅读精髓

高中版

丰富的阅读素材
从童年往事到世间百态
从青葱校园到异域风光
开拓视野，看见世界，提升写作能力和人文素养

四川文艺出版社

图书在版编目（ＣＩＰ）数据

杂花生树 / 杨海蒂著. -- 成都 : 四川文艺出版社,
2023.7
　（试卷上的作家）
　ISBN 978-7-5411-6725-6

　Ⅰ.①杂… Ⅱ.①杨… Ⅲ.①阅读课—中学—教学参
考资料 Ⅳ.①G634.333

中国国家版本馆CIP数据核字（2023）第124032号

ZA HUA SHENG SHU

杂花生树

杨海蒂　著

出 品 人	谭清洁
责任编辑	谢雨环　范菱薇
封面设计	宋双成
内文设计	宋双成
责任校对	段　敏

出版发行	四川文艺出版社（成都市锦江区三色路238号）
网　　址	www.scwys.com
电　　话	028-86361802（发行部）　028-86361781（编辑部）

排　　版	北京书香文雅图书文化有限公司		
印　　刷	三河市兴国印务有限公司		
成品尺寸	165mm×235mm	开　本	16开
印　张	14	字　数	170千
版　次	2023年7月第一版	印　次	2023年7月第一次印刷
书　号	ISBN 978-7-5411-6725-6		
定　价	39.80元		

总　序

情感和思想的写真

张国龙

和小说、诗歌等相比，散文与大众更为亲近。大多数人一生中或多或少会运用到散文，诸如，写作文、写信、写留言条等。和小说相比，散文大多篇幅不长，不需占用太多的读写时间；和诗歌相比，散文更为通俗易懂。一句话，散文具有草根性和平民性气质。

在中小学语文课本中，散文篇目体量最大。换句话说，散文是中小学语文教学不可或缺的资源。中学生所学的语文课文大多是散文；小学生初学写作文，散文便是最早的试验田。从某种意义上说，中小学作文教学就是散文教学，主要涉及记叙性散文、抒情性散文和议论性散文。在中考、高考等各类考试中，作文的写作离不开这三类散文，甚至明确规定不可以写成诗歌。可见，散文这一文体在阅读和写作中占据了举足轻重的地位。

然而，散文作为一种"回忆性"文体，作者需要丰富的生活经历和厚重的人生体验。散文佳作，自然离不开情感的真挚性和思想的震撼性。因此，书写少年儿童生活和展现少年儿童心灵世界的散文，无外乎两类：一是成年作家回望童年和少年时光；二是少年儿童书写成长中的自己。这两类散文可统称为"少年儿童本位散文"。显而易见，前者数量更大，作品质量更高。事实上，还有相当一部

1

分散文作品，虽然并非以少年儿童为本位，却能被少年儿童理解、接受，能够滋养少年儿童的心灵。

这套丛书遴选了众多散文名家，每人一部作品集。这些作家作品可以分作两类。一类是主要从事儿童文学创作的作家，基于少年儿童本位创作的散文，比如吴然的《白水台看云》、安武林的《安徒生的孤独》、林彦的《星星还在北方》、张国龙的《一里路需要走多久》。另一类是主要创作大众文学的作家，虽不是专为少年儿童创作，却能被少年儿童接受的散文，比如，刘心武的《起点之美》、韩小蕙的《目标始终如一》、刘庆邦的《端灯》、曹旭的《有温度的生活》、王兆胜的《阳光心房》、杨海蒂的《杂花生树》、乔叶的《鲜花课》、林夕的《从身边最近的地方寻找快乐》、辛茜的《鸟儿细语》、张丽钧的《心壤之上，万亩花开》、安宁的《一只蚂蚁爬过春天》、朱鸿的《高考作文的命题与散文写作》、梅洁的《楼兰的忧郁》、裘山山的《相亲相爱的水》、叶倾城的《用三十年等我自己长大》、简默的《指尖花田》、尹传红的《由雪引发的科学实验》。一方面，这些作家的作品皆适合少年儿童阅读；另一方面，这些作家的某些篇章曾出现在中小学生的语文试卷上。因此，可以称他们为"试卷上的作家"。

通观上述作家的散文集，无论是否以少年儿童为本位，都着力观照内心世界，抒发主体情思，崇尚真实、自由、率性的表达。

这些散文集涉及的题材多种多样，大致可分为如下三类：

其一，日常生活类。"叙事型"和"写景状物型"散文即是。铺写"我"的童年、少年生活中真实的人、事、情、景。以记叙为主，抒情与议论点染其间。比如，刘庆邦的《十五岁的少年向往百草园》

以温润的笔触，描摹了"我"在十五岁那年拜谒鲁迅故居的点点滴滴，展现了一个乡村少年对大文豪鲁迅先生的渴慕与敬仰。安武林的《黑豆里的母亲》用简约的文字，勾勒出母亲一生的困苦、卑微和坚忍，字里行间点染着悲悯与痛惜。

其二，情感类。通常所说的"抒情型"散文属此范畴，即由现实生活中的人、事、情、景引发的喜、怒、哀、乐等。以渲染"我"的主体情思为重心，人、事、情、景等是点燃内心真情实感的导火索。比如，梅洁的《童年旧事》饱蘸深情，铺叙了童年的"我"和同班同学阿三彼此的关心。一别数十载，重逢时已物人两非。曾经有着明亮单眼皮眼睛的阿三，已被岁月淘洗成"一个沉静而冷凝的男子汉"。"我"不由得轻喟"成年的阿三不属于我的感情"。辛茜的《花生米》娓娓叙说了父亲为了让"我"能吃到珍贵的花生米，带"我"去朋友家做客，并让"我"独自留宿。一夜小别，父女似久别重逢。得知那家的阿姨并没有给"我"炸花生米吃，父亲欲说还休。多年之后的"我"，回忆起这件事仍旧如鲠在喉。

其三，性情类。"独白型"散文即是。心灵世界辽阔无边，充满了芜杂的景观。事实上，我们往往只能抵达心灵九重天的一隅。在心灵的迷宫中，有多少隐秘、幽微的意识浪花被我们忽略？外部世界再大也总会有边际，心灵世界之大却无法准确找到疆界，如同深邃莫测的时光隧道。每天一睁眼，意识就开始流动、发散，我们是否能够把内心的律动细致入微地记录下来？这必定是高难度写作。如果我们追问个体生命的具体存在状态，每一天的意识流动无疑就是我们存在的最好确证。比如，曹旭的《梦雨》惜字如金，将人的形象和物的意象有机相融，把女性和江南相连缀，物我同一。

尤其是把雨比喻成女孩，"第一次见面，你甚至不必下，我的池塘里已布满你透明的韵律"，空灵、曼妙，蕴藉了唐诗宋词的意味。乔叶的《我是一片瓦》由乡村习见的"瓦"浮想联翩，岁月倥偬，"瓦"已凝结成意象，沉入"我"的血脉，伴随我到天南海北。"瓦"是"我"写作的情结，更是另一个"我"。杨海蒂的《我去地坛，只为能与他相遇》，"我"因为喜欢史铁生的《我与地坛》而一次次去地坛，真真切切地感受史铁生的轮椅和笔触曾触摸过的一草一木。字里行间，漫溢出一个人对另一个人的体恤与爱怜、一位作家对另一位作家的仰望与珍视。或者说，一个作家文字里流淌的真性情，激活了另一个作家的率性和坦荡。

不管是铺写日常生活、表达真挚情感，还是展现率真性情，上述作品大体具有如下审美特征：

其一，真实性。从艺术表现的特质看，散文是最具"个人性"的文体，一切从自我出发。或者说，散文就是写作者的"自叙传"和"内心独白"。这就决定了散文的内容，其人、事、情、景等皆具有真实性，甚至可以一一还原。当然，真实性在散文中呈现的状态是开放、多元的，与虚假、虚构相对抗，尤其体现在表象的真实和心理的真实。不管是客观、物化的真实，还是主观、抽象的心理真实，只要是因"我"的情感涌动而吟唱出的"心底的歌"，就无碍于散文的"真"。散文的真实，大多体现为客观的真实，即"我"亲历（耳闻目睹），"我"所叙述的"场景"实实在在发生过，甚至可以找到见证人。对事件的讲述甚至具有纪实性，与事件相关的人甚至可以与"我"生活中的某人对号入座。叙写的逻辑顺序为："我"看见＋"我"听见＋"我"想到，即"我"的所见、所闻和所感，且多采取"叙述＋抒情＋议论"的表现方式。比如，林彦的《夜别枫桥》，少年的"我"先是遭遇父母离异，而后因病休学，独自客居苏州。那座始终沉默无语的枫桥，见证了"我"在苏州的数百个日日夜夜。那些萍水相逢的过客，给予了"我"终生铭记的真情。

其二，美文性。少年儿童散文通常用美的文字，再现美的生活，营造美的意境，表现美好的人情、人性和人格，是真正的"美文"。比如，吴然的《樱花信》，语言叮当如环佩，景物描写美轮美奂，读来令人神清气爽，齿唇留香。"阳光是那样柔和亮丽，薄薄的，嫩嫩的，从花枝花簇间摇落下来，一晃一晃地偷看我给你写信……饱满的花瓣，那么嫩那么丰润，似乎那绯红的汁液就要滴下来了，滴在我的信笺上了。你尽可以想象此刻圆通山的美丽。空气是清澈的，在一缕淡淡的通明的浅红中，弥漫着花的芬芳……昆明人都来看樱花，都来拜访樱花了！谁要是错过了这个芬芳绚丽的节日，谁都会遗憾，都会觉得生活中缺少了一种情调、一种明亮与温馨……"安宁的《流浪的野草》，文字素面朝天、洗尽铅华，彰显了空灵、曼妙、清丽的情思。"燕麦在高高的坡上，像一株柔弱的树苗，站在风里，注视着我们的村庄。有时，她也会背转过身去，朝着远方眺望。我猜那里是她即将前往的地方。远方有什么呢，除了大片大片的田地，或者蜿蜒曲折的河流，我完全想象不出。"

其三，趣味性。少年儿童生活色彩斑斓，充满了童真、童趣。少年儿童散文不论是写人、记事，还是抒情、言志，皆注重生动活泼、趣味盎然。与此同时，人生中的诸多真谛自然而然地流淌于字里行间，从而使文章具有超越生活的理趣，既提升了文章的境界，又能陶冶阅读者的性情。比如，王兆胜的《名人的胡须》，用瀑布、白云、大扫帚、括弧、燕子等各种事物类比各个名人各具特色的胡须。稀松平常的胡须看似可有可无，却有着不同寻常的意义。古今中外名人与胡须的逸事，读来令人莞尔，幽默、风趣的笔调里蕴含着举重若轻的哲理。张丽钧的《兰花开了18朵》，"我"时常和蝴蝶兰说话，如母亲的斥责，似闺密的呢喃，像恋人的娇嗔，满满的人间情怀里渗透着天然的机趣。"我家这株蝴蝶兰，真真是个慢性子——一簇花，耗费了整整66天的时间，才算是开妥了。从2月24日到5月1日，总共开了18朵花，平均3.67天开一朵。我跟她说：'亲呀亲，你可是我拉扯大的呀，咋这脾性半点儿都不随我呢？这么慢条斯理地开，你是打算把全部春光都占尽了吗？'"

散文创作通常与作者的亲身经历密切相关，尤其注重展现真性情，因此散文抒写的往往是个人的心灵史和情感史。这些散文作品不单是中学生写作的范本，还是教导中学生为人处世的良师益友！

2022年10月18日

于北京师范大学

序　言

见过一面

刘　丽

气温总算回暖些了。前两天天寒地冻的，行走在外，寒气袭人，脖子和脊背总也打不直。

寒冷时，容易想起一些温暖的事，温暖的人。

不由得，又想起了那位北京来的美女作家，一家文学刊物的编辑，杨海蒂。一个人凭什么留给别人难忘的印象？相比起一切外在的美好事物，诸如美貌、衣饰等，发光的慈悲之心更具力量，更入人心。

那天，她随一支采风调研队伍来到府谷。她说是第一次来陕北，看得出来，陕北留给她的感触是深刻的，相比她之前走过的大江南北，陕北的自然景观和人文环境独一份。她迷恋陕北之北的天空，湛蓝如洗，清澈明净，没有杂质，甚至没有云朵；她直夸陕北的大黄梨香甜如蜜。

随行采访中，我不止一次注意到她。她是个漂亮女人，风神气质俱佳，即便走在北京或巴黎街头，也是风姿出众的，更别说落地在小县城里，光彩照人的情景便完全可以想象了。她一口京腔，轻柔动听，如山涧鸣泉，而且出语谦和，茶香满室。她不是普通的漂亮，我老远就能闻着她身上的书香味，那种魅力是沉积多年、由内向外散发的。如果用香气作比，普通的漂亮犹如香水，没有生气；在我眼里，她的漂亮则为檀香，是会呼吸的，活的，香气历久弥新。

午后，在高寒岭明亮的山头上，太阳像个乡下孩子一样，见来了客人，欢喜得蹦蹦跶跶，一会儿在这个山头呆头呆脑地远望着，一会儿又跑到那个山头撒欢，还不住地回头嬉笑。高寒岭的风也像个乡下妇人，紧凑在远道而来的客人身边，僵直地瞅着，总想插个一言半语，最好能撩起漂亮女人的祅襟摸一摸，那便更称心如意了。

长时间不下乡，似乎已不识冷暖。早晨随手搭了件毛衣外套就匆匆出门，结果在冷寒的山头上如着薄纱，瑟瑟难安，甚至都不敢轻易下车。此情此景之下，一件令人心生暖意的事情发生了。杨海蒂快步向我走来，微微笑着，手里拿着一个手掌大的小布包，亲切地说："快穿上吧！我的羽绒衫。多冷啊！"几乎是硬塞在我手里。还没等我说什么，她便又说："没关系，穿上吧，冻坏了怎么办呀？"笑容可掬，关切诚厚，其情状不禁让人心头一热再热。心下喜悦，当即穿上，身上暖洋洋，心里喜滋滋。我与她身材差不离，穿着合身，轻薄舒适，粉紫色，煞是好看。

晚饭时，我比她早出来一会儿，顺便把羽绒衫归还在她车上。等她出来时，我告诉她羽绒衫归放车上了，还没等我致谢，她依旧是不由分说的口吻："一件小衣服算什么，冻坏了怎么办呀，衣服送你了，你穿着更好看。"我连说不用，其实真不用，车上暖和，一会儿就回城了。她着急得当即又要把自己身上的风衣脱给我穿。我手忙脚乱挡着，费力说服。无奈之下，她一转身小跑着到院子那边停车处，又把羽绒衫带过来，满心欢喜地递给我。我不再推辞，因为我知道，再推辞便是辜负。

夜色中，我看到了她身上散发出一种光芒。她那动人的笑容，深深留在我心里，不可磨灭。我常常觉得，我待人实诚，但是与她比起来，根本不算什么。把自己身上的衣服脱下来两次相赠，这一点，我想我做不来。

我担心她在陌生地方住不习惯，便问她："要我留下来陪你吗？"她笑着说："不用，走南闯北习惯了，完全可以随遇而安。"然后简单地道了别，她就匆匆地上楼了。当晚她要住在农村，第二天径直离开府谷。

见过一面，她便让我难以忘怀，夜色中那发着光芒的脸庞，也会时常浮现在我眼前。事实上，她留给我的印象，深过那众人前呼后拥的领队。如果用颜色作比，那位著名大家是青色，北京城青砖青瓦的那种颜色，古朴，厚重，雄浑，沉淀。而她呢？思来想去，觉得没有一种颜色能恰如其分地衬着她，是早晨打进窗里的第一束阳光，有着淡淡光轮的那种明亮色？不得而知。

这也让我想起了另一件事。听小姨说，小时候有个远房亲戚家的小女孩来家里做客，外婆看她衣衫单薄冷寒受冻，哄着小姨把棉袄脱下来给小女孩穿。结果小姨没了棉袄，出不了门，在被子里整整钻了一天。后来，小女孩对这件事念念不忘，一遍又一遍地说了一辈子。

访　谈

杨海蒂：一枝牡丹向天开

王子君

杨海蒂因为肤色偏黑，曾被人叫作"黑牡丹"；又因小名中有个"红"字，电影《红牡丹》上映后，她也被人称为"红牡丹"。多年过去，这朵牡丹却在文学大地上，经历风霜雨雪，汲取日月精华，花色丰富，花蕊骄人，向天盛开。

年少苦难，成就了她文学梦的坚硬翅膀

无论是哪种牡丹，海蒂都不敢自比，但每听到那首《牡丹之歌》，她都要掉泪，勾起自己的辛酸回忆。

海蒂出身于一个有着"学而优则仕"传统的家庭，幼年随母亲到农村生活。那些年，农村孩子干过的海蒂几乎都干过：插秧、砍柴、扯猪草、扛麻袋……后来，母亲奉命组建村里小学时，带着她和姐姐住进了一所漏风漏雨的屋子，300 米外才有人家。夏秋天，农家小孩们在晒谷坪玩耍，母亲却天未黑就把门闩紧，从不放她们出去。

在昏暗的煤油灯下，听着外面孩童们的嬉戏打闹声，海蒂的内心既羡慕又无奈。

在这样的童年环境里长大，海蒂自小就养成了倔强的性格，是死倔死倔的那种倔强。倔强而独立。她用一双美丽的眼睛怯怯地观察着世态炎凉，想知道这一切究竟是为什么。因为思考，渐渐地，在乡村度过的童年，那些童年时期吃过的苦和后来经历过的挫折伤痛，都化作她骨子里的刚强与豪情，成就了她文学梦的坚硬翅膀。

中学时期，喜爱文学的海蒂在父母和老师的强制下学了理科，但时间和精力大多都用来偷看文学书刊了，高考成绩自然不理想。大学毕业后人虽然到金融系统工作，但心始终在文学上，一直在寻找一个可以盛载文学梦的园地。

凭着文字才能，她后来进入新闻界，在报社当起了记者。

文学心魔铺就荆棘大道

人们不知道的是，文学梦从来没有停止过敲打她心灵的窗户。

文史家有句话，"文史不通，下笔空空"。

下笔空空，思想自然缺席。思想是文章的硬核，没有思想，文章不过是一场华丽而空洞的文字游戏。

海蒂非常清醒，自己非科班出身，要写出好作品，就必须多读书。不仅要读文学作品，还要读别的门类的书。读政治书以养大气，读文学作品以养才气，读经、史、传以陶冶情操。

于是，在 20 世纪 90 年代浮躁热闹的海南岛上，当别的女孩都跟花蝴蝶似的到处飞寻高枝的时候，海蒂却静静地开始读书。

天气那么热，环境那么嘈杂，那么美的一个女孩子，却捧着一本书在读。这样的画面，谁见了都会觉得美好。

有一段时间，海蒂租住海运总公司家属区一楼，窗外是一个广场。夏天，那些船员海员的家属们一个个摇着蒲扇到广场上纳凉。她的窗户是敞开的，因为天热，没有空调，她只能敞开窗户。大妈们就站在她的窗前，说："岛外过来那么多女孩子，就看见你在这样的天气里还天天看书，天天坐在书桌前写文章。"是啊，有多少人在海南读书写作搞文学呢？这样的人太少了。正因如此，海蒂曾不止一次地说过："所有热爱文学的人都值得我尊重、尊敬。"

"一日不读书，尘生其中；两日不读书，言语乏味；三日不读书，面目可憎。"黄庭坚的这句话，用在海蒂身上最为贴切。

其实，也许是受基因影响的缘故，海蒂以前最喜爱的是舞蹈。为此，她兼职当过市歌舞团舞蹈演员，虽然只是客串，却跳得如痴如醉；也曾为了赚房租，业余去当省歌舞团节目主持人；还参演过影视剧、参加过 T 台走秀、接拍过商业广告，甚至兼职当过礼仪小姐，经常穿着高跟鞋在酷暑烈日下一站就是好几个小时。在一次演出过程中，她像李叔同突然厌倦人世浮华遁入空门似的，忽然对"粉墨登场"心生厌恶，从此远离各种喧嚣热闹，闭门读写。

读书让她的文学梦越来越清晰，写作最终成了她的红舞鞋。字符在纸面上流动，犹如足尖在舞台上跳跃，让她得到无与伦比的幸福感。艺术是相通的，她的作品特别讲究语言的韵律感，就是跟热爱舞蹈有关。

也不知是从哪一天开始的，海蒂写下了第一篇文学作品。然后，这个本可以靠脸吃饭的女子，彻底走上了靠文学才情、靠思想能力谋生的路。

海蒂厚积薄发的时期到了。在海南，她发表单篇散文，继而在报纸上开专栏，遍地开花，然后出版几部作品，同时获得一些大大小小的文学奖项。她的文字日见成熟，名气日见增大。虽然创作之路走得艰辛，但也走出了繁盛。一路上，有丛生的荆棘，有苦毒的流言，但更多的是无私的帮扶和推波助澜的支持。她的第一本散文集出版后，当时在一位闺密的力促下，她将作品寄给了有着"文坛刀客"之称、远在山西的评论家韩石山。韩石山与她素不相识，却饱蘸墨汁为她写下了评论。评论发表在当时影响力很大的《中华工商时报》副刊上，责任编辑是而今在文坛上大名鼎鼎的邱华栋。至今谈起这件事，海蒂仍感动、感恩不已。

海南，只是海蒂的文学出发地。

鲁院进修造就文学理想

2002 年，从不相信天上会掉馅饼的海蒂，竟得到了一个从天而降的机会：海南作协推荐她去鲁迅文学院首届中青年作家高级研修班进修。

鲁院，为她打开了一个新的文学世界，也让她发现原来自己只是一只井底之蛙，发现自己跟真正的文学大家、名家之间的差距，她要奋起直追。鲁院更壮大了她的文学梦，提升了她的思维与格局意识。

　　她如饥似渴地听每一堂课，每一堂课都让她收获满满。在鲁院的四个半月，改变了她的命运。怀着对文学的热爱与追求，她从海南到北京，成了中国文坛最高殿堂的一名工作人员。

　　她的创作也像从天空飞过，有了新的高度和广度。

　　海蒂说她很喜欢看阅兵，喜欢看盛大的仪式，也喜欢看战争片、军事类图书，因为它们有大气场，她觉得这有益于自己养成大气。随着年龄增长、阅历增加，她的视野、心胸、格局都在扩大，这些元素呈现在她的作品中，就是完成了从小情小我到大气宏阔的跨越。在这个过程中，那些受过的苦难都变成了人生的养料、文学的财富。经历苦难，这是成长的代价，而同时生命也在成长，这是苦难的价值。过往的一切都是值得的，她感到很欣慰。

　　在北京，她迎来了散文创作的成熟期，形成了属于她的散文风格。《我去地坛，只为能与他相遇》辞达理定，让人看见辽阔博大的悲悯情怀；《北面山河》气势磅礴，让人看见一片理想主义的天空……散文集《走在天地间》由上海三联书店出版后，名列"当当文学艺术新书销售榜"前茅。

鲜明风格玉成流传经典

　　高尔基遇到托尔斯泰时，托尔斯泰已经年事已高。高尔基向托尔斯泰倾诉，自己受过多少多少苦，境遇多么多么艰难。托尔斯泰颤巍巍地摸着高尔基的头，说："孩子，你受了这么多苦，你完全有资格变成一个坏人。"言下之意，很多受过苦的人变坏了，而你没有变坏，这是一件幸事。

听从心灵的召唤，海蒂走上文学之路。世俗的成功标准通常是有地位、有金钱、有荣耀。拿世俗的眼光来看她，没大富大贵，算不得成功。但是，在精神层面上的成功则是有尊严、有灵魂、有自由，从这个角度看，她无疑是成功的。海蒂自认为不是一个甘于平庸、扔到芸芸众生当中无人认得的人，但她没有为了"上位"而不择手段。她受过不少苦，依然自立自强自珍，保持一颗纯良之心。她为此庆幸且骄傲。

好的文学作品能超越时间，一两千年后读它还可以唤起情感记忆。海蒂希望自己能写出一部流传后世的作品，哪怕只是一个单篇。

海蒂对散文创作的切身感受是：要想写好散文，首先要心静，心要定，眼光要放长远，一定要沉得住气，千万不能急功近利，只要你是一棵好苗子，总有一天，你会得到回馈；其次，要大量阅读，给自己一个积累的过程，读书能安慰心灵，让人从中得到快乐、经验、知识、力量、教诲，从而得到源源不断的精神力量；第三，要敢于追求永恒不朽，中国古人讲"文"就是散文，散文乃中国文学之正宗，要努力创作出经典作品。我们难道不希望自己创作出永恒不朽的作品吗？如果一篇文章不断被吟诵、流传，不说千古流传，哪怕流传一百年、几十年，也是了不得的，这是无形、无量的价值。

海蒂说："读到令人耳目一新、击节叫好的文章，或个人风格强烈、辨识度高、有才情、特别美的作品，是一种幸福、一种享受。作为文学编辑，我愿意尽一份微薄之力，希望有机会可以帮到广大文学爱好者。"

这样大气的话语，让人想起她头顶"牡丹"的桂冠。牡丹被称为百花之王，有圆满、浓情之意，"有人说你娇媚，娇媚的生命哪有这样丰满；有人说你富贵，哪知道你曾历尽贫寒……"牡丹之歌，也是在为海蒂而唱。她就是牡丹，"啊，牡丹，百花丛中最鲜艳；啊，牡丹，众香国里最壮观"，她的散文创作，已然成了文学天地里一枝风骚耀眼的牡丹。

目录 CATALOGUE

/ 试卷作家真题回顾 /

北面山河 / 2
永远的丰碑 / 7
隐匿的王城 / 11

/ 试卷作家美文赏练 /

奏鸣序曲 / 16
如歌的行板 / 24
G 大调 / 33
欢快变奏曲 / 41
回旋奏鸣曲 / 46
音画交响诗 / 52
压轴终曲 / 59
▶预测演练一 / 67

汉之玉 / 69

古贝州之春 / 76

走在天地间 / 82

一条河，一座城 / 86

最高的诗意 / 91

大河家 / 95

大好合山 / 99

▶预测演练二 / 106

塔畈 / 108

花开毕节 / 112

尼阿多天梯 / 116

天赐玉山 / 120

登黄山记 / 124

高原之上，雪山之下 / 129

扬州慢 / 135

▶预测演练三 / 144

永恒的星辰　/ 146

我去地坛，只为能与他相遇　/ 149

《主角》：荆棘与桂冠　/ 160

《极花》：恋曲与挽歌　/ 165

注目南原觅白鹿　/ 169

柳建伟：文学推土机　/ 174

对石榴裙的迷恋　/ 179

在他的诗歌里，跳动着祖国的脉搏　/ 182

▶预测演练四　/ 192

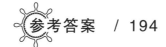参考答案　/ 194

试卷作家
真题回顾

北面山河

①当我来到陕北的榆林横山，目睹"龙隐之脉"横山山脉穿过黄土高原横亘天际，亲见无定河淌过塞北沙漠漫延横山全境，我对这片土地充满了敬畏。陕北的深冬时节，让我感觉犹如置身于西伯利亚般寒冷，峁塬上衰草枯黄，刺骨寒风将我的脸抽打得生疼。我瑟缩在超厚的大棉袍里，循着时间的线索，探听四散于大地之上的历史回响。

②踏足横山这座古城，古堡古寺很多，建筑艺术一脉相承。始建于明代的响水堡龙泉大寺，是横山规模最大的寺庙，其名源于寺内的龙井。响水堡盘龙寺闻名遐迩，史志记载，盘龙山"横江怪石，盘绕无定河边，远望若踞河中，石如盘龙，故名"，盘龙寺因山得名。然而，比起大名鼎鼎的波罗堡接引寺，龙泉大寺和盘龙寺就逊色多了。

③波罗，山环水抱，万壑朝宗，秦直道纵贯其境，无定河流贯其境，古长城横贯全境；波罗，北魏建城，明初建堡，城堡雄踞大漠边关，崛立于无定河畔，坐落于长城脚下。波罗的来头不得了，《怀远县志》记述："在波罗堡西，寺依崖构，有石洞卧佛。上又有石足迹二，一显一晦。俗传佛入东土，返西天之所。石已坠，其迹尚存。"黄云山上的波罗，弥漫着佛光紫气，乃"佛掌上的明珠""来自天国的地方"。

④然而，波罗不只有香火，还有战火；不只有诵经，还有杀伐。

2

所以，在凝紫、重光、凤翥、通顺这四座城门里，既建有玉帝楼、三官楼、魁星阁、城隍庙、老爷庙等佛道庙宇，也建有总兵关、中协署、参将府、守备署、炮台、箭楼、钟楼等军事设施。座座城门，气势恢宏；处处城楼，尽显峥嵘。

⑤我非常喜欢波罗的建筑风格，不雕龙画凤，不金碧辉煌，大气不失精致，简约而又典雅。整座城堡呈灰色基调，有佛门静穆之气，宜于安放心灵。

⑥无论手持玉帛者，还是手持干戈者；无论是无神论者，还是虔诚的佛教徒，这些帝王都有波罗情结：李继迁驻军于此；李元昊奉佛教为国教，将接引寺定为国寺，将波罗作为粮仓"金窖"；康熙大帝御驾亲征噶尔丹时，专程绕道波罗驻跸礼佛，御笔亲题"接引寺"；乾隆皇帝为接引寺御书"慈悲千古"，并特赐匾额；嘉庆皇帝钦遗御用红绸，上书"奇佛一座，万古留传"……

⑦登上灵霄塔，远眺无定河，"可怜无定河边骨，犹是春闺梦里人"，这悲壮又凄美的诗句，立刻涌上心头。"无定河边暮角声，赫连台畔旅人情。函关归路千余里，一夕秋风白发生。"同样令我登高望远，心中生悲。

⑧雄伟的高原，巍峨的横山，奔腾的无定河，养育了无数横山儿女，塑造了他们独特的精神气质。榆林地接甘、宁、蒙、晋，又是明清朝廷流放京官之所，历史上多民族的融合，赋予横山人强健的体魄；壮阔绝域对民众人格的潜移默化，使横山人拥有悍勇刚烈的性格。

⑨天辽阔，地苍茫，残阳似血，山峦如画，望着宇宙八荒，听着天籁之音，心底百转千回，顿生苍凉之感。"念天地之悠悠，独怆然而涕下"，是文人情调的感伤，陕北劳动人民有自己的情感宣泄方式——吼信天游。当孤独的牧羊人，失意地踟蹰在拦羊的崖畔

上；当辛勤的庄稼汉，孤寂劳作在空旷的圪梁梁上；当赶牲灵的脚夫，独自行走在荒凉的山道上；当窑前院落的婆姨，思念起离家远行的那个人……信天游就油然而生脱口而出。高亢悠长的曲调，随天而游跌宕起伏；九曲回肠的歌声，唱尽了人生的况味。横山不仅孕育了粗犷豪放的信天游，更有横山老腰鼓留存于世。老腰鼓，又称"文腰鼓"，根据庙宇石碑的文字存证，它出现的年代可追溯到明代中期。古时戍守长城的士兵，身佩腰鼓作为报警工具，发现敌情即鸣鼓为号。在骑兵阵战冲锋中，也以腰鼓助威，激发将士斗志。打了胜仗，将士击鼓起舞狂欢。边民久居塞上，也习而为之，于是腰鼓逐渐应用于民间娱乐，演变成激昂刚劲、带有军旅色彩的腰鼓艺术。

⑩声声鼓响融入陕北人的血脉。追想当年，陕北儿女在响水堡"闹红"，成立农民讲习所，农民运动开展得轰轰烈烈。之后，数万名横山儿女跟着刘志丹上横山，组建游击队与敌人浴血奋战，游击战争风起云涌，横山开创出红色根据地，诞生陕北第一个红色政权，为创建陕甘宁边区奠定了坚实的基础。后来，载入史册的横山起义（波罗起义），为中共中央转战陕北打开了通道，为建立中华人民共和国做出了卓越贡献。

⑪走在横山大地上，脚下是世界上最广最深的黄土，随处可触摸到历史的印痕，随时可感受到历史散发的华光，时刻倾听到那激越昂扬的历史交响。

⑫我对横山高山仰止。

（选自《北京文学》，有删改）

（2021年山东省潍坊市语文一模试题）

▶试 题
....

1.下列对本文相关内容的理解，正确的一项是（　　）（3分）

A.文章首段写作者深冬季节来到横山，寒风刺骨，衰草枯黄，写出了陕北地区的艰苦环境，奠定了文章感情基调。

B.文章引用《怀远县志》的记载，将接引寺的来历与其民间传说关联起来，写的是接引寺的名气及其文化传承。

C.文章叙述波罗四座城门时，详细列举了玉帝楼、总兵关等佛道庙宇和军事设施，主要是表现建筑的气势恢宏。

D.作者在敬畏中展开文章，在景仰中收束全文，表现出横山山水人文使作者情感发生了变化，思想得到了升华。

2.下列对本文艺术特色的分析鉴赏，不正确的一项是（　　）（3分）

A.文章以第一人称展开叙述，带领读者游览横山古城，领略现实与历史的风景，给读者带来真实贴切的艺术感受。

B.文章引用边塞诗中悲壮凄美的诗句，以实写的手法写出亲人离散的惨境，引起作者的伤感，增加了文章的诗意。

C.文章用因水得名的龙泉寺和因山得名的盘龙寺衬托波罗堡接引寺，突出了接引寺浓厚的文化气息和深厚的历史底蕴。

D.文章不以描写自然景色为主，而是侧重对横山文化、历史的叙写与情感抒发，使读者受到了历史与文化的精神洗礼。

3.文章为什么要详细叙写波罗？请结合文本分析。（4分）

_____

_____

_____

4.曹丕在《典论·论文》中提出"文以气为主"，"气"指文学作品的内在精神。请分析文本体现的"气"。（6分）

_____

_____

_____

_____

永远的丰碑

①位于赣东北、地处闽浙皖赣四省要冲的江西横峰县是著名革命老区。在那如火如荼的岁月里，方志敏在此叱咤风云，率领民众以两条半枪起家，发动弋（阳）横（峰）暴动，领导创建全国六大革命根据地之一的浙皖赣革命根据地，被毛泽东誉为"方志敏式的根据地"。

②与毛泽东、彭湃一道被公认为"农民大王"的方志敏，也是饱读诗书之士。16岁时他挥就自勉自励的对联："心有三爱奇书骏马佳山水，园栽四物青松翠竹洁梅兰"，后来他分别以松、竹、梅、兰为四个儿女取名，其心志高远、心性高洁可窥一斑。青年时期他求学上海，他写作的白话小说《谋事》在《觉悟》副刊发表，与鲁迅、郁达夫、叶圣陶等著名作家的作品一起入选上海小说研究所编印的《小说年鉴》。在上海，他结识了陈独秀、瞿秋白等著名中国共产党早期领导人，加入了中国共产党。回到江西后他创办"文化书社"，创建"马克思学说研究会"，出版《青年声》周报和《寸铁》旬刊。

③出众的文学艺术才华，加上理想主义精神、浪漫主义气质，使他气度超群卓尔不凡。他26岁就担任国民政府江西省委委员兼农业部部长，正可谓青年才俊"前途无量"。然而，为了信仰——共产主义信仰，他毅然决然踏上"革命"这条九死一生的道路。

④横峰县葛源镇，自古为兵家必争之地，方志敏在此把马克思

主义与赣东北实际相结合，领导建立了弋阳、横峰县苏维埃政府，创造出一整套建党、建军和建立红色政权的经验；率领起义农军开展游击战争，提炼出"出其不意、攻其不备、声东击西、避实就虚"的十六字战略要诀；首创地雷战，把人民战争提高到新水平；建立拥有"铁的纪律"的红十军，一年内连续打退国民党军多次"进剿"。

⑤方志敏故居前有一棵他亲手种下的芭蕉，80多年来，这棵芭蕉年年春天发新绿。我轻轻地抚摸着它，想象着当年他在树旁是怎样的英姿勃发、笑如朗月，心底一阵阵发痛。

⑥1934年，为宣传中国共产党的抗日主张，推动全民族抗日救亡运动，策应中央主力红军战略大转移，病痛在身的方志敏临危受命，出任中国工农红军北上抗日先遣队总司令，去开辟新苏区并迫使国民党变更战略部署。这是"小马拉大车"的极其困难的军事行动，但方志敏誓言"党要我们做什么事，虽死不辞"。历时半年多、行程5000余里、在冰天雪地里浴血奋战20多天后，他的队伍弹尽粮绝。本来已经突围的他，认为"在责任上我不能先走"，非要亲自接应后续部队，率领着仅仅十几名警卫人员，又返回敌军的重重包围圈。

⑦这个至情至性的硬汉子，这个舍生取义的大丈夫，不幸被俘。国民党士兵从他身上只搜到一只怀表和一支钢笔。敌人怎么也不肯相信，这个闽浙皖赣苏维埃政府主席兼财政部部长，全部财产只有两套旧褂裤和几双线袜。

⑧他被押解到南昌，当时一家美国报纸记者描述了在国民党驻赣"绥靖公署"举办的"庆祝生擒方志敏大会"上见到的情景："戴了脚镣手铐而站立在铁甲车上之方志敏，其态度之激昂，使观众表示无限敬仰。周围是由大会兵马森严戒备着。观众看见方志敏后，谁也不发一言，大家默然无声。即使蒋介石参谋部之军官亦莫不如

此。观众之静默，适足证明观众对此气魄昂然之囚犯，表示无限之尊敬及同情。"

⑨撼山易，撼英雄难。在狱中，方志敏严词拒绝敌人高官厚禄的诱惑，宁死不屈。他声明："我愿牺牲一切，贡献于苏维埃和革命。"他英勇就义，年仅36岁。

⑩在最后的日子里，他克服种种难以想象的困难，写下十几万字重要文稿和信件。他在深切怀念战友的同时，不断反省自己的过失，主动承担战争失利的责任，不时沉痛严苛自责。

⑪峻拔如孤峰绝壁，明净如高山积雪，高远如长空彩虹，坚润如金石蕙兰。这就是方志敏。

⑫而他的不朽之作《清贫》，我每读一遍都会为之动容："在这长期的奋斗中，我一向是过着朴素的生活，从没有奢侈过。""清贫，洁白朴素的生活，正是我们革命者能够战胜许多困难的地方！"

⑬《清贫》，是中华民族难以磨灭的文化记忆；清贫精神，是中国共产党的理想信念，是中国革命精神的重要组成部分。英雄虽逝，浩气长存，功勋不朽，精神永在，光耀千秋。

【2019—2020学年山东省烟台市高二（上）期中语文试题】

▶试 题

1.下列对材料相关内容的理解，不正确的一项是（   ）（3分）

A.方志敏被公认为与毛泽东和彭湃齐名的"农民大王"，同时，他也是"饱读诗书"的知识分子，有着出众的文学艺术才华。

B.方志敏在赣东北进行的建党、建军、红色政权建设乃至游击战争方略的实践，对中央苏区有启示作用，受到毛泽东的赞誉。

C.为了自己的信仰，方志敏抛弃国民政府江西省委委员兼农业部长的官位，在赣东北创建了弋阳、横峰县苏维埃政府。

D.文中的"小马拉大车"意为我方力量弱小，难以与力量强大的敌方相匹，而坚守党性原则的方志敏毅然执行了中央的命令。

2.下列对材料相关内容的概括和分析，不正确的一项是（　　）（3分）

A.本文题目为《永远的丰碑》，既高度概括了方志敏烈士的崇高精神和光辉成就，也点明了这些精神和成就在当代生活中的重大现实意义。

B.在叙述方志敏被押解到南昌的情景时，作者引用美国记者的描述，表现了方志敏的昂然气概，同时也表现了现场所有人对他的尊敬和同情。

C.对于方志敏烈士短暂而光辉的一生，本文在记叙的同时，更将作者本人融入其中，将历史和现实融为一体，饱含深情，令人感动、感叹。

D.《清贫》是方志敏的不朽之作，更是他留存给我们的巨大财富，新时代需要方志敏式的英雄模范，同时也需要方志敏烈士的清贫精神。

3.文中说方志敏"峻拔如孤峰绝壁，明净如高山积雪，高远如长空彩虹，坚润如金石蕙兰"，请结合全文简要分析。（4分）

_____

_____

_____

隐匿的王城

①站在高高的石峁古城上，耳畔猎猎作响的朔风仿佛来自上古洪荒。

②放眼四望，东面是奔腾咆哮的黄河，西面是苍凉的黄土高坡，南面是沧桑的古长城，北面是苍茫的毛乌素沙漠。亘古不息的秃尾河、窟野河，从城址两侧浩浩荡荡流过。

③在这片比国家还要古老的土地上，在这比人类还要久远的"两河流域"，被定义为"改写中国文明史"的石峁遗址横空出世。

④这儿是陕北神木县高家堡镇，游牧文明与农耕文明的交错区域。"天之高焉，地之古焉，惟陕之北"。神木充满了奇迹，名称就是一个传奇。极富特色的明代古镇高家堡，古时为边陲要塞兵家重地，是全国历史文化名镇、陕北四大名堡之一，尤以"城小拐角大""城小神灵大"闻名。

⑤这是一座总面积超过400万平方米的三重结构的石城，石城的核心区域是外城、内城和"皇城台"。这是一项超级工程，后来被确认为迄今"中国乃至东亚最大史前古城"。

⑥"皇城台"是今人赋予的名称，它类似于玛雅金字塔结构，是王的宫殿，是王的权力高台，历经几千年风雨洗礼依然傲然屹立。等级分明、"宫禁森严"的建筑格局，昭示威严的王权凛然不可侵犯；类似北京紫禁城的环套结构设计，开启中国古代都城建筑格局之先河。

⑦壮观的皇城台下，构筑精良的城墙绵延数十公里，Z字形门道连接着内外瓮城，门道两侧有两两相对的四个门塾（岗哨），门道内侧是两座高大的南北墩台，距城门不远处有马面、角台等城防设施。这是一座完备的军事防城，是整个东亚地区史前最完善的城防体系，说明四千多年前此地战事频仍、政治格局复杂。看来，人类天生就是政治动物。

⑧是哪位盖世英豪建造起这座宏伟都城？是谁站在庄严的皇城台上号令天下？

⑨a它是黄帝之墟。它是夏启之都。它是羌人之城。它是匈奴鬼方城。它是上古西夏都……众说纷纭莫衷一是。每一个可能性的背后，又有多个其他的推测或疑虑冒出来。著名历史学家提出的"黄帝之墟"一说，最引人注目，最令人兴奋。很多人愿意相信：b这座众星拱月的塞上之城，这座气势恢宏的史前城池，这座上古时期的建筑巅峰之作，正是《山海经》中描述的"昆仑之墟""黄帝的昆仑城"。对黄帝在陕北的行踪，《史记》《汉书》都有记载，况且石峁古城的初建年代与黄帝在陕北的活动时间大致吻合，而邻近石峁的桥山、肤施就有黄帝冢墓、黄帝祠堂，在时空上都接上了轨，由此似乎更能确定石峁古城即为黄帝之都。

⑩当然，这只是推测而非考证，至少证据还不够充分。考古界虽然少门户之见，却向来有信古派、疑古派之别，"石峁古城是黄帝之都"结论的产生，自然会引起国内外学界的广泛兴趣，也必然带来学者的质疑和争议。最激烈的反驳，依据于石峁古城"不见于历史文献记载"、黄帝"只是一个传说"。

⑪哪个才是正解？被掩埋湮没数千年的石城缄默不语。或许，对于尚未确证的事情，最好的态度是偏向于怀疑？

⑫过去相当长一段时期里，人们被长城遮挡了视野，把中国古

代史看作是长城以南的事情，过分夸大了中原文化的作用。其实，早在 20 世纪初，人类学家就在英金河畔的红山上嗅到了远古文明的气息，现代考古学家李济 60 年前也排众而出，提出"长城以北列祖列宗"的观点并敦促同行："我们应当用我们的眼睛，用我们的腿，到长城以北去找中国古代史的资料，那里有我们更老的老家。"

⑬石峁古城存续了大约 500 年，c 留给我们一座隐匿的废都、一个王朝的背影、一部上古的史诗。它是黄帝肇启之都，还是一段文明孤旅？它因何废弃，人们去了哪里？石峁古城的伟大，在于它还只开掘出冰山一角，就已见证了石峁古人强大的创造力，展示了史前中华先民的历史足迹和文明历程。石峁王国的辉煌，石峁古城的衰落，还隐藏着无数的秘密，还有太多的谜团等待揭开谜底。古埃及、古希腊、古巴比伦文明已先后绝迹，石峁文明能登上人类文明史的世界舞台吗？

⑭拭目以待，时间是最伟大的裁判者。

（选自《延河》，有删改）

【2021—2022 学年陕西省西安市莲湖区高一（下）期末语文试题】

▶试　题
....

1. 下列对文章相关内容和艺术特色的分析鉴赏，不正确的一项是（　　　）（3 分）

A. 文章开头两段的环境描写，看似满眼的沧桑，实则给人以苍劲雄浑之感，同时也体现了石峁古城的历史厚重感。

B. 为了战争的需要，人们修建了这座军事防御完备的宏伟都城，建立了整个东亚地区史前最完善的城防体系。

C. 石峁古城的考古，更有力地证明了中华文明的起源和影响应该远比我们传统观点认为的范围要大得多。

D. 文章最后两段主要以议论的笔调作结，包含了作者对石峁古城的赞颂和期待之情，这样结尾更富于感染力。

2. 文章多处运用排比的手法，画横线的三处排比句在文中分别有什么表达作用？请简要分析。（6分）

_____

_____

_____

3. 为什么说石峁古城"改写中国文明史"？请结合文章内容简要概括。（6分）

_____

_____

_____

_____

试卷作家
美文赏练

奏鸣序曲

🌸 **心灵寄语**

> "整个身体只有一种感觉，每一个毛孔都吸取着快乐。"
> 这个世界并不缺乏美，而是缺少发现美的眼睛。愿你有一双慧眼，可以看见这个世界之美。

如果说，海南热带雨林国家公园是一部雄浑的交响乐，那么，山海相连的尖峰岭，是举足轻重的第一乐章，是辽阔深邃的奏鸣序曲。

浩大得漫无边际的尖峰岭，森林覆盖率高达 98%，植被完整性名列全国前茅，生物多样性位居世界前列。铺天盖地的壮阔林海，将尖峰岭美成了仙境，山海相连的自然造化，赋予它雄大深沉的气质。一切妙然天成。卓尔不群的尖峰岭，一个巨无霸的天然物种基因库，中国唯一山海相连且自带热带雨林的风水宝地，成为中国第一个以热带雨林为类型的国家森林公园，入列"世界生物圈"保护圈，获评"中国最美十大森林"之一，不断吸引着国内外专家、游客前来考察、观光。

美丽的尖峰岭。庄严的尖峰岭。以前观赏美国敢死队勇闯南美雨林的枪战片时，我对原始神秘的热带雨林充满了向往。当我听从命运的召唤来到海南岛，就迫不及待想要去往尖峰岭；而当一干文友相约寻找"诗与远方"，我们不谋而合异口同声喊出的是"尖峰岭"！

尖峰岭，我来了！我像欢快的蜜蜂飞往鲜花盛开的旷野，满心憧憬踏上新奇的旅程。

从海口往乐东，坐汽车全程三个小时，道路两旁"椰棕槟榔，处处撑天"。沿途所见，有以民族特色为文化符号的民族村，有以海洋特征为文化符号的新渔村，有以热带园林为文化符号的生态村，还有江、河、湖、海畔的热带田园风光，犹如一幅幅迷人的美丽画卷。

要想不虚此行，莺歌海盐田也是必须打卡之地。

山与海的缠绵，阳光与海水的合力，造就出一道独特的风景：银光闪闪的盐田。海南岛是当年日军觊觎进军东南亚的基地，侵华日军曾企图在莺歌海建成"东亚第一大盐场"。历史的天空斗转星移，中华人民共和国成立后，莺歌海盐田得到大力开发，成为国家第三大盐田，它面朝大海，背靠尖峰岭，我们仿佛走进了一幅山水画中。

跟随清风和溪水，我们攀登尖峰岭。越往上越见幽深，翡翠似的山林中，山野气息的热带树木，展现着独特的身姿与风情；风骚艳异的奇花异草，散发着诱人的吸引力；新鲜饱满的各种野果，向远道而来的客人点头致意。

森林静悄悄的，偶尔传来几声蝉鸣鸟啾，更显出尖峰岭的静谧空灵。

尖峰岭以"山壁陡峭、壮如毛尖、刺破青天"著称。在宏大的山体中，我们寻访到"大元军马下营"石刻，它是刻录元军行迹的最南端古石刻，镌刻着700多年前的历史，把时光推向了遥远的元代。海风天雨的侵蚀，导致字体残缺模糊，好在海南现存最古地方志《正德琼台志》中有记载，实物与史书相互印证，这里曾上演过历史大戏，眼前这块半圆锥形大石头，为一个风云变幻的时代，打上了一枚坚硬的历史标签。元朝是琼崖史上最动荡的时代，元军深入"千万年人迹不到之处"大举"征黎"，致使"黎巢尽空"，史称"是役也，自开郡以来所未有"。在飞扬的铁蹄和喋血的宝剑下，"不服王化"的黎族民众最终屈服，元军铁骑囊括四海并吞八荒的荣耀，是黎民百姓的血泪换来的。

踩着地上积得厚厚的枯枝残叶，高一脚低一脚进入热带森林。由于海拔梯度的变化，尖峰岭产生了各种形态的雨林，它们以匪夷所思的方式聚到一起，组合成植被垂直分布带，乔木、灌木、藤萝、蕨类、苔藓高低错落，生动立体地呈现于我们眼前，展示着大自然不可思议的运转法则：伟岸的乔木刺向缈缈长空，"欲与天公试比高"，它是生物进化的伟大标志之一；婆娑的灌木厚皮树、芒萁、铺地蜈蚣等，密密匝匝拥挤成堆互不相让；攀爬到树上缠来绕去的藤萝，疯狂地往上空生长；强劲的野草、矮小的蕨类、地毯般的苔藓，则牢牢抓住土地，顽强地体现出另类的生命姿态。仔细察看之下，我有了新发现：各类植物虽然貌似全是绿色，其实叠加递变各不相同。大自然所支配的一切，永远是那么巧妙和谐。

一面巨大的银镜闪入眼帘。到了，镶嵌在山腰的尖峰岭天池，热带雨林里海拔最高、面积最大的高山湖。四周群峰环绕，湖畔群花争艳，湖面倒映着群山，白云映照着湖水。金色的阳光从云层间洒落，照耀着澄澈剔透的湖水，湖水流光跃金波光粼粼，犹如一匹闪闪发亮的绫罗绸缎。我想起梭罗的《瓦尔登湖》，明白了他为何要弃绝浮华回归自然。面对一尘不染的尖峰岭天池——传说中南海观音的沐浴净身圣地，我虔诚地许下心愿，我相信，我所心想的，我所期待的，将一一成为现实。

尖峰岭山中有湖、湖中有岛、岛上有洞。洞里有本《九阴真经》，大概是哪位金庸迷留下的。修炼"吸功大法"和"金刚不坏神功"的天池怪侠，是金大侠笔下横扫武林的角色。莫非真有哪位大侠在此退隐江湖？神秘莫测的尖峰岭，我不知道有多少秘密藏于其中。"南海仙山"尖峰岭，是现实版的神话之地，是一个真实与神话交融的世界，实际上比我想象的还要神奇得多。

天池的美景风光使旅游海报相形失色，在此地待上一整天的念头非常强烈，但尖峰岭还有太多的地方要去游览，还有太多的事物要去见识，这不，更为诱人的热带雨林正在向我们招手呢。

尖峰岭保存了中国整片面积最大的热带原始森林，在这片浩大的热带雨林中，生长着大量珍稀、濒危的国家级保护植物，其中有树龄千年的"通天树"盘壳栎，有起源古老的残遗植物海南粗榧，有外形酷似梅花鹿、被当地黎苗同胞奉为神树的鹿树……最著名的是古老永恒的植物——桫椤。人们提起远古时代，桫椤与恐龙总是成双成对出现，它们是爬行动物时代的两大标志。地球经过数亿年演化，恐龙早已绝迹，无数个漫长的时代过去，古老的蕨类也几近灭绝，"木本蕨类植物"只有桫椤硕果仅存，活成人们所称的"植物活化石"，可见其生命力是何等顽强。要见到桫椤可不容易，而在尖峰岭热带雨林里，以群落的方式分布着三大种类的桫椤树：白桫椤、黑桫椤、大叶黑桫椤，树龄200年以上的桫椤就有三棵。远远望去，桫椤就像一柄柄撑开的绿伞，也像一把把超大的蒲扇。在这里，我恍若回到混沌未开的上古时代，可以尽情想象史前的时间，可以凝神聆听来自远古洪荒的跫音。

一直以来，人类与森林相依为命，医治疾病的中药也需要森林。热带雨林里的很多植物都可以用作药材，世上许多药材都来源于雨林。海南岛有"南药之库"之称，可入药植物约2000种，达全中国药材的40%。我们在尖峰岭雨林中行走，触手可及的"野草"竟然大多是草药。长期以来，尖峰岭向国内外源源不断地提供大量药材："抗癌先锋"海南粗榧，别名"倒吊金钟"的牛大力，四大著名南药槟榔、益智、砂仁、巴戟天，还有沉香、灵芝、金银花、鸡血藤……尖峰岭出产的吉贝、槟榔、沉香、降真香，是海南岛加入世界贸易的珍贵物品。

不只是草药漫山遍野，每天都有各种花朵在尖峰岭迎风绽放。开着美丽小白花的盾叶苣苔，是海南植物特有品种，"苔花如米小，也学牡丹开"，这就是生命的力量。海南马兜铃，花色绚丽、花型独特、花朵玲珑，好看得令人吃惊。尖峰霉草、尖峰马兜铃、尖峰水玉杯，都是近年发现的新植物种类，形似红色灯笼的尖峰水玉杯仅见于尖峰岭，植株极少，十分罕见，它的发现，丰富了海南热带雨林的植物多样性资源，也证明了尖峰岭森林生态环境的优良。

植物种类的多样，自然生态的完好，为野生动物的栖息繁衍提供了庇护所，豹猫、原鸡等一大批国家级保护动物，在尖峰岭小日子过得很滋润。

在密林中穿行，惊飞起很多昆虫。尖峰岭雨林中，昆虫军团浩浩荡荡，如果没有天敌的存在，它们在这里会生活得很惬意。然而，对于小小的昆虫来说，捕猎者无处不在，雨林的生物多样性，使得"小鲜肉"们危机四伏。昆虫最大的敌人是鸟类，蜘蛛、蜥蜴、壁虎、毒蜂也是它们的死敌，躲避天敌是昆虫最重要的生存法则，它们必须想办法保全自己，隐身术就是它们的花招之一。昆虫大多是伪装高手，擅长巧妙的拟态、变色伪装术，手段更高明的虫子还很会装死。在2019版的《国家重点保护野生动物名录》中，尖峰岭叶䗛、同叶䗛晋升为国家二级保护动物新贵，叶䗛就是极其狡猾的伪装大师，无比的耐力、持久的静默能使它躲过种种危机和灾难。

五颜六色的花朵争奇斗艳，只为了吸引昆虫前来授粉，而比花朵还要美丽的蝴蝶，前身却是丑陋的毛虫。蝴蝶幼虫是许多捕食者垂涎欲滴的美味，逃脱厄运的幼虫长大成蛹，然后破蛹而出化蛹成蝶，最终完成华丽的生命蜕变。大自然的恩赐让蝴蝶成为"会飞的花朵"，它们四处起舞炫耀美貌，除了南极洲，地球上到处都有它们翩跹的舞姿。海南已发现的蝴蝶种类超过 650 种，居全国首位，其中包括 100 多种濒危、珍稀、海南特有种。极为罕见的金斑喙凤蝶，是世界上最名贵的蝴蝶，被列入国际濒危动物保护委员会 R 级（顶级），是中国特有珍品、唯一的蝶类国家一级保护动物，享有"国蝶""蝶中皇后""蝶之骄子""梦幻蝴蝶""世界动物活化石"等美誉，它可是尖峰岭的常住民。

我在尖峰岭见过很大的树胶，比我平日里吃的果冻还要大。树胶是一些昆虫的美食，叶蛸和阳彩臂金龟最心爱的食物就是它。昆虫类大象级别的阳彩臂金龟，也是国家重点保护野生动物，别看它爬行时动作迟缓，飞起来可就判若两虫了。除了步甲、螳螂等吃肉，绝大部分昆虫是素食者，就连张牙舞爪的赫氏锹甲、貌似强悍的瑞奇锹甲也不例外。有的昆虫饕餮起来可真是没吃相，有的却随意进餐也能吃出花样来。央视纪录片《昆虫的盛宴》有一段精彩记录：尖峰岭的锚阿波萤叶甲进食慢条斯理，从容不迫地享受着，哪怕危险逼近；为了避开海芋叶的毒素，它将叶子蛀空出一个个圆洞，堪与用圆规画出来的圆形相比，锚阿波萤叶甲因而被称为"昆虫中的几何专家"。饱暖思淫欲，昆虫也一样，吃饱了就想传宗接代，"食色，性也"非人类独享。可别小看小小的昆虫，它们虽然个子小，照样气势十足霸气外泄，为"食色"决斗毫不含糊，一旦激战起来，双方非打得头破血流不肯罢休。

观林海日出，是尖峰岭上不可错过的项目。傍晚，我们登上顶峰。一朵朵白云迎面扑来，山峰仿佛飘浮在云层上。晚霞把天边映照得通红，夕阳的余晖将我们浑身镀上金色，渐渐降临的夜幕则给山林染上一层浓重的墨色。尖峰岭上空气负氧离子极高，林间弥漫着花草树木的芳香，来一次惬意的深呼吸，我简直想唱歌。文友们跳跃着喊叫着，举起双臂在空中疯狂地挥舞。我们搭帐篷露营，摘下树枝铺在地上当床垫，无论男女都开怀畅饮，个个比平日里酒量大增，据说是因为这里的空气和泉水格外纯净。柴火燃烧起来，男同胞闹着要捉老鼠来烧烤，说尖峰岭的每条生物链都绿色无害，被女士们口诛笔伐，只好悻悻然作罢。

晚霞渐渐隐退，夜幕悄悄降临，月亮和群星升起，皎洁的月光洒满幽暗的山谷，清辉笼罩着沉静的山峰，嶙峋的群山万壑变得柔和。海南的星星数量很多且特别干净，尖峰岭上的星星似乎伸手可摘。此时此刻，红尘中的喧嚣全然消退，世界呈现出空灵之美，耳畔只有昆虫低鸣、花朵低语，有时也听到树上果实掉落地上的声音。城里未曾有过的这宁静安逸，让我感受到全身心的放松，我静静地仰望苍穹，凝视天空中闪闪烁烁的星辰。正如德国哲学家康德的所言："有两样东西，我们愈经常愈持久地加以思索，它们就愈使心灵充满日新又新、有加无已的景仰和敬畏：在我之上的星空和居我心中的道德法则。"

黎明时分，我虔诚地迎接启明星的显现。山上氤氲着一层薄雾，像一条透明的长纱巾，环绕着山峰轻轻飘荡，我们仿佛在云中漫步。尖峰岭云海翻涌，云雾变幻万千，宛如人间仙境，让人捉摸不透。朝霞从顶空洒下轻柔的光线，森林笼罩在柔和的晨曦中。庄严的时刻到了！顷刻间，壮丽的红日一跃而出，橘红色阳光穿越云朵的缝隙，万丈光芒照耀着大地。"朝阳甫出，而山已明"，随着第一缕阳光跃过地平线，森林里更是显得生机勃勃，万物生灵迎接着朝阳，共同奏响美妙的森林晨曲。远方，壮阔的海面碧波荡漾，散发着迷人的光芒，山、海之间气象万千。此情此景，此时此刻，我唯有梭罗那般的切身感受："整个身体只有一种感觉，每一个毛孔都吸取着快乐。"

精彩 —赏析—

　　海南岛是中国著名的旅游胜地，森林茂密，物种繁多，水天一色，成为世界各地旅游爱好者的打卡地之一。作者怀着激动的心情，从流光跃金的天池写到浩大丰富的热带雨林，从漫山遍野的中草药写到各种各样的昆虫，从昆虫写到林海观日出，以时间为线，以景物为轴，叙写了尖峰岭一天变化多端的景象。在文章中，作者运用了引用、对比、拟人、排比、比喻等多种修辞手法，以抒情的笔触，细致入微地刻画了尖峰岭神奇的树木、天池、树胶、飞虫、草药等景物和日出前后森林生机勃勃的情景，字里行间洋溢着作者对美丽大自然、美好生活的热爱。文末作者引用梭罗的话"每一个毛孔都吸取着快乐"，抒发了自己此时此刻对于尖峰岭的整体感受，与开篇形成呼应，使文章浑然一体。

如歌的行板

> "流光容易把人抛。红了樱桃，绿了芭蕉。"生活的本质就是踩着时光的脚步，一步一个脚印前行，到达理想的彼岸。

1800 公顷森林覆盖着的霸王岭，是海南热带雨林国家公园交响乐中一段宽广如歌的行板、一首充满诗情画意的交响曲。

20 年前，我在报社当记者时，兼任海南省歌舞团报幕员，经常随团"送文艺下乡"。数年的演出生涯，给我留下最深记忆的是"三月三"上王下乡那次。王下乡地处霸王岭腹地，为昌江黎族自治县的最偏远山区，被称为"中国第一黎乡""黎族最后的部落"，一直保留着最本真的民族风情。农历三月初三是海南岛少数民族地区黎族、苗族同胞的传统节日，简称"三月三"。每年的这一天，黎、苗同胞要举行各种节庆活动，省歌舞团总是忙得不亦乐乎，只恨分身乏术。

"大篷车"在崎岖山路上盘旋颠簸，我有些晕车，但奇美的自然风光不断映入眼帘，又让我兴奋不已，舍不得闭眼休息。山路一旁是奇、险、峻的熔岩地貌，崖岸上有奇形怪状、色彩缤纷的各种图案，仿佛亨利·马蒂斯的狂野线条和马克·夏加尔的梦幻色彩；

山路另一边"河水清且涟猗"，河岸繁花似锦水鸟成群，美得让我意乱情迷，曾经钟情过的那些河流，一下子就黯然失色了。越往深山里走，景色越发奇绝，我仿佛来到《绿野仙踪》中的奇妙世界：古木参天，藤萝密布，奇花斑斓，异草芳香，彩蝶飞舞，小鸟啁啾。童话般的美景告诉我，安徒生童话世界里的森林就是这儿——霸王岭。我贪婪地看着眼前的一切，想起阿尔卑斯山谷中那句著名的标语："慢慢走，欣赏啊！"真想对司机也大喊一声："慢慢走，欣赏啊！"

傍晚到达王下乡政府所在地三派村。三派村，一个宁静古朴的村庄，一片黎族人世代繁衍的土地。简易舞台早已搭好，台下坐满了身着民族服装的观众，妇女衣裙花色图案多是山川树木、花鸟虫鱼，她们把大自然穿到了身上。没有热情的队列和热烈的掌声，但有衣着色彩和纯真笑容带来的热度和感染力，孩子们的大眼睛里没有丝毫杂质。趁着团友布置音响、整理服装的空当，我偷偷开溜四处溜达。村里椰林婆娑，竹林苍翠；一只只青涩的小杧果，像一个个害羞的小新娘，挂在一棵棵杧果树上；果实硕大的菠萝蜜，一边开花一边结果，一边还与蝴蝶眉来眼去；芭蕉树很有情调，芭蕉花开分雄雌，更好看的是芭蕉叶，国乐名曲《雨打芭蕉》就是抒写初夏时节雨打芭蕉叶的情景，极富南国情趣。不知为何，在中国古代诗人眼里，芭蕉常与孤独忧愁、离情别绪相关，韩愈、李商隐、杜牧、白居易、李清照、李益、吴文英……都为之写下过柔婉动人的诗词，窃以为，数蒋捷"流光容易把人抛。红了樱桃，绿了芭蕉"一句最为出彩。

当晚的演出就有器乐合奏《雨打芭蕉》，乐器中有海南特有的椰胡。黎族歌舞是不可或缺的节目，《久久不见久久见》更是逢演必唱，这是一首来源于黎族聚居区的海南方言民歌，地域色彩十分浓郁，也是琼州大地上广为传唱的经典歌曲。当晚，我奉团长之命请当地黎族青年男女登台表演，他们原汁原味的情歌对唱、犹如天籁的竹制乐、异彩纷呈的竹竿舞、野性狂欢的"跳木柴"，让我如痴如醉。

海南是全国唯一的黎族聚居区，古老的黎族是岛上最早的居民，热带气候与原始丛林赋予他们以野性的血液与性情：男子身佩弓刀孔武有力，女子头戴巾帕妩媚多情，只要对歌起舞时情投意合，男女双方便手牵手消失在树林里。

第二天，我没有随"大篷车"回海口，跟阿霞去了她老家洪水村。阿霞在省歌舞团管理服装道具，我们相处得亲如姐妹。四面环山的洪水村，是王下乡一个完整的黎族自然村，田野连着雨林，村舍沿着洪水古河道两侧并列排布，别致的金字屋簇拥着掩映于雨林中，带有一种迷人的梦幻色彩。田园如此丰茂，村舍如此恬静，屋前舍后山花烂漫、瓜果遍地、鸡鸭成群、童子嬉戏，洪水村山川、风物、人情都如此美好，真想留下来当一名农妇。

对于黎族人来说，洪水是他们挥之不去的梦魇，在黎族的传说中，洪水题材占有比重很大的篇幅。黎族人钟爱、敬拜葫芦，葫芦成了他们的"诺亚方舟"，是引领他们渡海、创世纪的神物。相传在远古时期，黎族先民抱着葫芦渡过云谲波诡的琼州海峡，像哥伦布发现美洲大陆般发现了原始、神奇、美丽的海南岛。他们聚居于雨林山地繁衍生息，在悠久的历史中创造出独特的民族文化。船型屋是黎族最古老的民居，被称为"黎族精神家园的守望者"，早在清代绘制的《琼黎风俗图》中就有体现，已列入《第二批国家级非物质文化遗产名录》；金字屋既保留了船形屋的营造技艺，又融合了汉族传统的榫卯结构建筑艺术，是黎族民居的更高形式，是黎族的文化标本。洪水村的金字屋群落保存得最为完整，成为黎族民居珍贵的"活化石"，见证着黎族久远的灿烂文明。在我见过的特色民居中，黎族金字屋是非同寻常的杰作之一。

我住在阿霞家，吃地道的黎族竹筒饭，喝香醇的黎家山兰酒，吃山上采来的"黎药"野菜。黎族同胞倍加珍惜大自然的恩赐，与世代相依的雨林相濡以沫，尽情享受这片土地的丰饶，把身边的树木花草运用到极致，让植物成为民族文化的一部分。他们利用"南药"历史已久，黎医黎药与其生活息息相关：家家户户都有黎药秘方，他们把黎药泡酒喝、炒菜吃，生病了就采些草药来喝。有很多黎药外人不了解，只有当地人知道它们的功效。在海南岛，多是妇女上山采药下田种稻，对她们来说，这是生活也是乐趣。我白天跟阿霞上山采药，晚上向她学制陶器、织黎锦。

大自然深刻影响着黎族人，他们从中汲取宝贵资源，并将其融入民族文化艺术中。黎族只有语言没有文字，口口相传的黎族原始制陶技艺，传承至今已经3000多年，是最古老的不使用任何机械的泥条盘筑法，不用设窑，直接在柴火上烧成。不知为什么，黎族制陶技艺只传女不传男。2007年，它被列入国家首批非物质文化遗产保护名录。黎锦为海南岛特有的黎族民间织锦，纺、织、染、绣均有鲜明的民族特色，黎族女子采用植物作染料，她们是色彩搭配的高手，织出的复杂图案远远胜过现代提花设备。绚美的黎锦，连接着往昔的光辉岁月，"黎人取中国彩帛，拆取色丝和吉贝，织之成锦""黎锦光辉艳若云"，这是古人对黎锦的由衷赞美。早在宋代，黎锦就已远销大陆，"桂林人悉买以为卧具"（范成大《桂海虞衡志》）；宋末元初，被后世誉为"人间织女星"的黄道婆，正是借鉴了黎锦的纺织技术，创制出全新的纺车，发起一场纺织业革命，改写了中国纺织业的历史。黎锦改写了黎族的文明史，堪称一部完整的黎族百科全书，2009年，黎锦技艺被列入联合国教科文组织首批《急需保护的非物质文化遗产名录》。

即使在今天，黎族人也保留着原始生活的痕迹，阿霞家就保存着用树皮缝制成的树皮衣，他们也懂得古老的钻木取火技艺。黎族有悠久的文脸文身习俗，民俗学家将其称为"身体上的敦煌壁画"。阿霞奶奶脸上的图纹有着奇异的神秘与美感，我很想看看奶奶的文身，不被允许，越发勾起我的强烈好奇心。

阿刚是阿霞的哥哥，小伙子总是有些腼腆，说话迟缓轻柔，却是制作藤编和牛皮凳的高手。他尤其擅长制作竹乐器，大竹子小藤竹经他的手一鼓捣，变魔法般就成了奇妙的乐器：口弓、鼻箫、管箫、竹笛、唎咧等等。唎咧这名字逗我发笑，它是黎家特有的乐器，其制作特别讲究，也更为巧妙：只取材于山竹尾杆，一寸一节总共七节，节节相套，头小尾大，一节一个小音孔。我也想试着学做一把，却完全不得要领，反而浪费了人家一堆好料，很是自责。口弓是黎族男子向女子表达爱慕之情的必杀技，唎咧则是他们休闲时用以自娱自乐的宝贝。黎族文化特别接地气，从黎族人的生活习俗中处处体现出来。

这是一个阳光明媚的早晨，阿刚、阿霞领我去往霸王岭原始密林，沿途看到一片红艳如霞的木棉花海，在微风的吹拂下如跳动的火焰。步行是亲近土地的美好方式，在一路的交谈中，我感知到兄妹俩对家乡发自内心的热爱，他们怀着感恩之心看待自然万物。阿刚爬起树来敏捷勇猛，他就像山里的土地爷，洞悉这片土地的奥秘，能叫出花草树木的名字，连椰子狸会从哪个树洞钻出来都了如指掌。黎族同胞是"森林之子"，对树木有原始崇拜，他们敬天信神，乐天知命，与大自然和谐共生，保持与大自然的沟通能力，这种古老的智慧来自对天与地的敬畏。

霸王岭保存着原始的雨林生态，保持着迷人的原始风貌，是海南热带雨林的典型代表：景观层次丰富，有低地雨林、季雨林、山地雨林等；植被类型多样，有木棉群落、桫椤群落、油楠群落、桄榔群落、萨王纳群落、陆均松群落……因为拥有全国最大的野荔枝群落，霸王岭别名"野荔枝之乡"，每到果实成熟的季节，沟谷中高大的野荔枝树上红彤彤一片，似灿烂的天边红霞，美轮美奂。

雨林虽繁密，却并非不见天日。阳光透过枝丫照射进来，让整个空间生动起来。微风穿过林间，树木暗中兴奋，树脂从大树上滴落，空气中飘浮着淡淡的芳香。一条清溪在林间静静地流淌，溪水缓缓前进，深入更深的雨林，最后在一棵大榕树旁一泻而下形成瀑布，令人愉快的瀑布声在寂静的林中格外响亮。霸王岭上，几十米高的参天巨树随处可见，够三四人合抱的大树比比皆是，它们向四周伸展出粗壮的枝条，像一个个要荫庇苍生的巨人。那些"根生冠、冠生根"的古榕树，树冠能长到 1000 多平方米，上面竟密集着数百只鸟儿，让人看傻了眼。听说昌江有棵树冠覆盖九亩地的"榕树王"，令我惊得咂舌；又听说霸王岭有一种浑身长满刺活像狼牙棒的簕树，可惜无缘得见。

骄阳当空烤灼大地，我们在遮天蔽日的雨林中，并不觉得酷热难当。森林中的一切生灵，随着大自然的脉搏，快乐而不动声色地律动着。阿刚、阿霞教我识别绿楠、坡垒、母生、琼棕等热带植物，那幅画面现又浮现于脑海，什么时候想起来都是那么亲切暖心。

长在陡壁上的雅加松，还有树形优雅的海南油杉，是霸王岭的特有树种。海南榄仁、毛萼紫薇是霸王岭热带季雨林的标志种，国家一级保护植物坡垒则大量分布于霸王岭热带低地雨林。霸王岭上近 10 万亩以南亚松为主的热带针叶林，是海南最大的热带天然针叶林集中分布区。在霸王岭热带山地雨林中，以陆均松为代表的植物顶极群落保存完好。霸王岭有许多罕见的珍稀名木，如野生荔枝王、陆均松王、天料木王、海南油杉王、古老的赛胭脂和鹧鸪麻树等。2017年，中国林学会评选出85棵"中国最美古树"，海南仅有的两棵都在霸王岭，一棵是有1600多年树龄的陆均松，另一棵是有1130年树龄的红花天料木，两棵树都30多米高，都需要七八个人合抱才能抱住。

"霸王岭归来不看树"，可不是浪得虚名。

俗话说"良禽择木而栖"，野生动物自会择地而居。霸王岭有野生动物365种，其中50多种被列入国家一、二级保护名录，40多种被列入"中日候鸟保护协定"，10多种被列入"中澳候鸟保护协定"。

在漫长的地理隔离中，数百种野生动物（特有亚种）渐渐进化成海南特有种，大多能在霸王岭找到它们的踪影。以发现地命名的霸王岭睑虎，属于霸王岭特有种，除了霸王岭，地球上其他地方不可能看到它。海南灰孔雀雉极其稀少，也仅见于霸王岭。

霸王岭当之无愧的霸主，是地球上独一无二的海南黑冠长臂猿，它是海南热带雨林的标志性动物，有"热带雨林中的精灵"的美名，全世界就海南岛才有，海南岛也就霸王岭有。

黑冠长臂猿是仅存的四大类人猿之一，是灵长类动物中最显赫的名门望族，也就是说，生活习性与人很相似的它们是人类的近亲，不管你愿不愿意承认。"黑冠没尾"是它们的体貌特征，不长尾巴是它们"类人"的重要标志，它们时髦的"黑冠"弥补了皮毛纯色的不足。海南长臂猿幼时雌雄同色，成年后，公猿是清一色的威武刚猛黑金刚，母猿通体毛发金黄光彩灿灿。

学术界对海南黑冠长臂猿的分类争论不休，这更显出它们的珍贵。

只有在原始季雨林中，海南长臂猿才能安身立命。在森林里，最好的位置就是在树上，高智商的海南长臂猿就是完完全全的树栖动物，对大地不屑一顾，终生脚不沾尘。它们仙气儿十足，只饮树叶上的露水，食物以雨林原生植物的嫩芽、浆果、花苞为主，野荔枝是它们的佳肴，榕树果实是它们的最爱。它们虽然基本吃素，但有时也吃零食解解馋，比如掏几个鸟蛋换换口味，抓几只小鸟打打牙祭，昆虫也上了它们的菜单。它们极其机警，一有风吹草动便迅速消遁，超长的双臂使它们能快如闪电从树梢上飞过。它们极其神秘高贵，生前极少让人目睹姿容，死后也不让人看到尸首。

跟人一样，海南长臂猿也组建家庭，首领是家族的支柱。它们的领地意识很强，每天太阳初升时，首领引吭高歌，悠长的啼声在林间回荡，这是对领地的宣示。它们对爱情从一而终，倘若伴侣去世，配偶会哀鸣至死，相比天性见异思迁的人类，它们才是"问世间情为何物，生也相从，死也相从"的典范。

海南岛曾经遍地猿猴，"琼州多猿"，清代李调元在《南越笔记》中写道。曾经由于滥垦、滥伐、滥采、滥猎，海南长臂猿难以适应不断变化的环境，一度濒临灭绝，成为全球极度濒危物种、全球最濒危的灵长类动物。可喜的是，海南热带雨林已得到有效保护，自然生态空间得以扩大，海南长臂猿现在享受着岁月静好，逐渐喜添可爱的新生命。海南黑冠长臂猿会越来越好运的，祝福它们。

多年没上霸王岭了，多少次在梦里，它"一枝一叶总关情"，因为阿霞，我跟它的缘分一直没断。真希望尽快再去王下乡，去探望我的黎族好姐妹，去探访6万年前古人类洞穴遗址钱铁洞，去探寻海南最早人类的生产与生活场景，去探索五勒岭下神秘的皇帝洞。

精彩赏析

　　霸王岭是热带雨林之中的一段，作者开宗明义，开篇以"一段宽广如歌的行板""一首充满诗情画意的交响曲"的比喻修辞手法，对霸王岭的整体风貌和地形进行了讴歌和赞美。总写之后，作者怀着无比崇敬的心情，运用引用、夸张、比喻、排比等多种修辞手法，详细刻画霸王岭繁花似锦的山路、上下翻飞的蝴蝶、青涩秀气的杧果以及充满南国情趣的芭蕉等自然景观，使读者对霸王岭留下了深刻的印象。接着笔锋一转，由物及人，从美丽富饶的大自然写到勤劳善良的黎族百姓及其独特丰富的文化特色、别具一格的生活，赞美黎族百姓为追求更加美好的生活而辛勤耕耘的高洁品格。文章最后一段作者再次表达想去探望黎族姐妹、探寻历史古迹的美好愿望，与本文的开头遥相呼应，令人遐想。

_____

G 大调

"不为五斗米折腰",是崇高的民族气节。"生当作人杰,死亦为鬼雄",是伟大的座右铭。我们为人处世应集华丽与威猛于一身,不负韶华。

在兽类中,我最喜欢明星物种兼旗舰物种——豹。豹子可真是帅呆酷毙,只要它一出现,光芒便掩盖了所有动物。一提到豹,我都有点小激动。

雪豹、猎豹、花豹、云豹、文豹、黑豹、金钱豹、银钱豹、美洲豹……哪个不身材矫健?哪个不身手敏捷?哪个不气度高华?它们集华丽与威猛于一身,一半是天使一半是魔鬼,毁誉参半。虽然国人用"豺狼虎豹"来骂人,但豹子的魅力让我无法抗拒,它美得简直没有良心。看过《动物世界》吧,只要被豹子盯上了,一眨眼的工夫,猎物就手到擒来,遇到它便无处可逃。我曾在《体坛周报》的专栏文《我爱球迷》中写道:"我真喜欢绿茵场上的健儿,喜欢他们豹一般的快捷……"

曾几何时,海南野兽遍岛,"兽踪交缔,鸟喙谐穆。惊踪朝射,猛狶夜逐",这是苏东坡流放到海南后写下的诗句,描述的就是他在岛上的亲眼所见。那时候，人与兽之间，常有互相打量，时有亲密接触。随着人类活动不断扩张，受到威胁的野兽步步退却，离人类越来越远，与人的关系越来越紧张，人们只能在深山老林中才能惊鸿一瞥。海南全岛现仅剩100多种兽类，其中国家一级保护动物三种：海南黑冠长臂猿独占鳌头，我钟情的云豹屈居第二，"原野精灵"海南坡鹿位居第三。

云豹体色金黄，背上覆盖着大块的深色云状斑纹，斑纹状如龟背饰纹，身上错综复杂的图纹令人眼花缭乱。没错，这家伙就应该叫作云豹。俗话说"鸡鸭成群，虎豹独行"，云豹是四处流浪的动物，这家伙就是个独行侠，没有亲朋好友，也不需要爱情，更不建立家庭。老话说得好，"站得高，看得远"，大多数时候，云豹悄悄地猫在树上守株待兔，而且总是在暗中行事，夜晚才是它的主场，即使在漆黑的夜里也能准确锁定目标。它还是天然的伪装大师，所以极少被人发现。而今，云豹差不多是神一样的存在，只有一些村民在吊罗山曾窥斑见豹，可见吊罗山国家森林公园的原始性。

云豹是吊罗山的带头大哥，海南脆蛇蜥则是吊罗山的流量明星。它在吊罗山被发现，属于国家一级保护动物，被世界自然保护联盟列入濒危物种红色名录，被《中国生物多样性红色名录》列为"易危"；国家二级保护动物海南兔和海南大灵猫，也在吊罗山开辟了自己的领地，它们都生性孤僻，喜独居生活，爱夜里行动，同被《中国濒危动物红皮书》列为"易危"。海南兔是中国特有种，也是体型最小的中国野兔，萌萌的模样和神态十分可爱。

扼海南岛东西要冲的吊罗山，主体在陵水黎族自治县境内，跨陵水、琼中、保亭、万宁四市县，纵横百余平方公里，森林覆盖率达97%，是中国乃至世界极为珍稀的原始热带雨林区。友情提示一下，若无当地向导带领，切勿擅自入山，不信的话你试试看，吊罗山会让你进去了就出不来，走远了就回不来。

　　这趟海南之行，是我与先生的度假之旅。从国外回来的先生想"小隐于林"，首选目的地就是海南。我的首选目标是吊罗山，自然是被云豹勾了魂，虽然明知大概率是痴心妄想，但梦想还是要有的，万一实现了呢？先生讥笑打击我，不过还是舍命陪君子。

　　驱车从海口走东线高速公路前往陵水，一路细雨朦胧景物模糊，一过牛岭便艳阳高照。这就是牛岭"牛头下雨牛尾晴"的奇观。牛岭横跨海南岛中部，是一道重要的分水岭——不仅是海南岛南北地理分界线，也是热带与亚热带气候的分割线，还是陵水县与万宁市的行政分界线，以及海南少数民族文化与汉族文化的人文分割线。登上牛岭，郁郁葱葱的分界洲岛尽收眼底，像一块巨大的绿宝石，它是中国首个海岛型 5A 级旅游景区。幽蓝的海水、苍茫的绿洲，使我弟弟（音乐家）情有独钟，他自发为之创作并演唱歌曲《海韵天堂》，被海南电视台拍成 MTV，中央电视台综艺频道也多次播放。

　　初春的海南，阳光带着花生奶糖的香味，沿途傲立的椰子树、怒放的三角梅，让阔别多年的我对海南的记忆渐渐清晰起来。

　　海南被称为"椰岛"，种植椰子已有 2000 多年的历史，李调元《南越笔记》中记载，"琼州多椰子叶，昔赵飞燕立为皇后，其女弟合德，献诸珍物，中有椰叶席焉。椰叶之见重也，自汉时始"，可见海南椰子叶为汉朝贡品。至宋代，随着商贸兴起，大量椰子跨海输往中原大陆。三角梅美丽而不妖媚、繁盛而不呆板，灿烂浓烈而又清新脱俗，无论在庙堂还是山野，无论在春夏还是秋冬，它都蓬勃生长花朵怒放。坚韧不拔的椰子树和三角梅，成为海南人的象征，受到广大群众的喜爱。在海南全民参与的"省树""省花"评选中，椰子树"力挫群雄"脱颖而出，三角梅"艳压群芳"笑到最后。听说陵水南湾花镇是一片三角梅花海，我坚决要求改道前往。想想看，200 余万株三角梅怒放，那是一场多么盛大的花事；5000 多亩三角梅簇拥，又是多么壮美的一片风景！

为了让喜欢齐天大圣的先生开心，我提出增加南湾猴岛一日游，他说"这个可以有"，果然像打了鸡血般立刻兴奋起来。

乘坐亚洲最长的跨海观光索道前往南湾猴岛，天下奇观"海上人家"一览无余。三面环海的南湾半岛，生长着一群终年漂荡在海上的渔民，大海才是他们的理想家园。海洋生活远不像日出而作、日落而息的田园生活那么平静安宁，而是充满了危险，夹杂着海难的悲伤和收获的欣喜。这些靠打鱼为生、以舟楫为家的人自称"疍家人"——"疍"音同"蛋"，意为生命脆弱易碎——他们自成一体，有着独特的民俗和语言。

声名在外的南湾猴岛，是世界上唯一的岛屿型猕猴自然保护区。其实南湾猴岛上还有三个自然村，只不过猴子成了喧宾夺主的"岛民"。

一进入猴岛广场的大门，一座猴子雕像一下子就吸引了我的目光，它端坐于达尔文的著作《物种起源》上，一手捧着人的头盖骨，另一手托着腮帮子，煞有介事地思考着"猴生"。这个令人忍俊不禁的雕塑，是美国著名红色资本家哈默博士赠送给苏联领袖列宁的礼品复制品。地摊上的猴子椰雕，一副逗人发笑的滑稽模样，我正想掏钱买下，听得身旁戴眼镜的老学究不满地嘀咕："让猴子戴眼镜，真是对知识分子的大不敬！"我忍不住哈哈大笑，惹得旁人向我投来疑惑的目光。椰雕是海南特有的工艺品，从唐代开始就有了，古代官吏常以它进贡朝廷，曾被誉为"天南贡品"。

经过多年的管理和驯化，南湾猕猴早已训练有素。哨声一响，它们便呼啦啦连蹦带跳奔下山来，眨眼工夫便集合完毕，猴队长率领众猕猴举旗迎宾，游客尽可随心所欲挑选节目：或欣赏它们令人捧腹的猴艺小品，或观看它们充满灵性的猴戏表演，或一睹它们的潜水、跳水、游泳技能，或饱览它们国内首创绝无仅有的高难度空中杂技……

有一首歌唱道："原谅我这一生不羁放纵爱自由。"世上就有人不慕荣华富贵，恪守"不自由，毋宁死"的人生信念。有的猴子也一样，"不为五斗米折腰"。南湾半岛就有这么一群猴子，不愿与人打交道，更不愿被人"当猴耍"，从而踏上没有回头路的流浪之旅，翻山越岭来到南海石林，在南湾半岛的这处世外桃源安家落户。为了得到足够的食物，它们得花大半时间来觅食，不过为了自由和尊严，它们心甘情愿。

话题说远了，言归正传。或许可以说，在海南热带雨林国家公园交响曲中，吊罗山是最低调的一段属调（G大调）。

吊罗山是一处独特的奇迹之地，被极为珍稀的原始热带雨林覆盖着，丛山老林里有许多奇异独特的动植物，"对游客产生一种不可抵御的魅力"（美国夏威夷国家森林公园原负责人丹泰勒先生语）。吊罗山还荣登过"中国森林氧吧"榜单，在测定的同类森林中负氧离子最高。然而，在海南五大原始热带雨林中，吊罗山的名气不够响亮，头上光环不够耀眼。其实，若论动植物品种的典型性、丰富性、珍稀性，"生物物种基因库"吊罗山应拔得头筹：有记录的植物达3500种，有记录的脊椎动物360种……

与泰山差不多等高的吊罗山，峰峦叠嶂，坡陡谷深，是户外探险猎奇者的心头之好，但要转几百个弯攀爬上山。我和先生实在不敢造次，为了安全起见，我们回到陵水县城，请熟人介绍了一个代驾。友善的代驾提醒我们，吊罗山雾气笼罩，地面潮湿，瘴气蛰伏，蚂蟥、毒蛇等特多，像这样的山区全国也为数不多，一定要做好各种防护措施。于是我们大肆采购防护用品，上山前把自己武装到了牙齿。

原始野性的热带雨林，来到了我们面前。这是一个草木疯生疯长的植物王国，是无数植物精灵的家园，各种濒危、珍贵树种隐现其间，如子京、红椆、黑椆、鸡尖、花梨……最具代表性的是"见血封喉"，中国最大的"见血封喉"就在吊罗山。"见血封喉"是世界上最毒的树，没有之一。在吊罗山能见识到不少奇树异木：果似腊肠的吊瓜树，能让人味觉变甜的神秘果，号称"地球植物老寿星"的龙血树，原产热带非洲的火焰树，树冠庞大而体态优美的雨树，具神奇医疗功效的野生茶树，永远两株相接母子相连的母生树，"树上有树，双树叠生"的古老天琴树，坚硬无比、比重比水还大的铁力木，形态奇异的面包树、腊肠树，海南特有的国家保护濒危植物青梅、坡垒，来自世界各地的"名木"红木、柚木、檀香木、紫檀木、桃花心木，海南湿润雨林的标志种、列为"渐危"的国家二级重点野生保护植物蝴蝶树……数不胜数，不胜枚举。

传得神乎其神的吊罗山"神树"，是一棵器宇轩昂的陆均松，据说历经了1500多年沧桑，是它一直护佑着这片多情的土地。

奇形怪状的藤萝交错，散发着神秘可怕的气息，充满着原始野性的魅惑，张扬着令人窒息的美丽。巴豆藤长得无边无际，蜈蚣藤活脱脱一条大蜈蚣，蟒蛇藤简直就是一条大蟒蛇，扁担藤是天生的大扁担……"黄金索"是生长500年才能形成的百米气根，简直成了精。金钟藤是海南本土热带植物，却是侵略性极强的冷面杀手，被它纠缠上的树木都难逃一劫，它是雨林中疯狂的恶魔，雨林遇上它的"魔爪"就在劫难逃。山歌唱道："山中只见藤缠树，世上哪见树缠藤。"然而在吊罗山就有"树缠（吃）藤"，这似乎有违自然法则，但它是我们眼前活生生的现实。代驾不时告诫我们，一些野藤带刺有毒，人碰到了皮肤奇痒无比，"可远观而不可亵玩"，千万不要有身体接触。

"芝兰生于深林，不以无人而不芳；君子修道立德，不为穷困而改节。"自古以来，兰花高洁清雅的君子之风，成为国人的立身典范和精神追求。兰科植物是热带花卉中最赏心悦目的花草，吊罗山生长着海南最多的兰花，其中有提制香精的"花中之王"依兰香、"食品香料之王"香兰草、"三大膏香"之一吐鲁香，还有名贵的五唇兰、象牙兰、冬凤兰……近年又有两种海南新记录兰花在吊罗山发现：艳丽齿唇兰、钩梗石豆兰。

雨林瀑布是吊罗山的精髓，让它成为与众不同的热带雨林，不少旅游观光者就是慕"百瀑雨林"之名而来的。吊罗山茂密的雨林中，到处是奇异的峡谷飞瀑，在飞瀑迷蒙的水雾中，树木显得更为高大。石晴瀑布一路蜿蜒，随地势跌宕出一连串飞瀑，荡涤着每一位旅客的心灵。托南日瀑布状如玉女临风仙袂飘举，当地苗语"托南日"意为"仙女"，因其形态袅娜极具意趣，尤受青年男女青睐。最著名的是枫果山瀑布群，大、小瀑布有 10 余级，从峭壁上飞流直下，雷鸣般的声音使人发抖，瀑面时现彩虹穿瀑的奇观。不过，要一睹"海南第一瀑"枫果山瀑布的真容，必须上下 1700 级台阶，令膝盖受过伤的我望而止步。

对于军事迷来说，"吊罗山剿匪"才是他们的兴奋点。20 世纪 50 年代，藏匿于吊罗山的 14000 多名土匪被肃清；20 世纪 60 年代，空降到吊罗山妄图"建立海南少数民族基地"的派遣特工全部落网……

吊罗山是海南苗族同胞的革命圣地。20 世纪上叶，历史风云激荡，革命风起云涌，为避乱世，彼时海南岛唯一的苗族总管陈日光，率领族人在吊罗山巅建营造寨。然而，陈日光胸怀远大理想，意图探索民族救亡道路，不可能真的"躲进小楼成一统"，苗族首领终究出山。1927 年夏，陈日光成为海南苗族首位共产党员，不久，太平峒苏维埃政府在吊罗山区成立，他担任党委委员、区苏维埃副主席。"苗王"的号召力非同寻常，在其带领下，海南苗族同胞纷纷投身革命。1944 年秋，海南岛第一支苗族抗日武装——吊罗山苗族人民抗日后备大队宣告成立，陈日光儿子陈斯安出任队长，不幸的是，敌人偷袭吊罗山，陈日光与 20 余名苗民被捕。敌人定下毒计：若陈斯安肯来坐牢，除了陈日光，其他苗民可以放回。为了救出同胞,陈日光给儿子写信"愿我父子同死,救出众乡亲"。为了救出同胞,陈斯安毫不犹豫前来就死,父子俩受尽酷刑宁死不降,被残酷杀害。青山垂首,江河挥泪,英烈父子魂归吊罗山,民族英雄受到海南苗族同胞世代景仰。

一阵风吹过来,林涛阵阵如歌如泣。

泪水模糊了我的双眼,我抬起头仰望天空。阳光正穿越珍珠色的积云,云朵泛着耀眼的银光,那么明亮、轻盈而又厚实。吊罗山上,高雅兰花漫山遍野,这"花中君子""王者之香",正是"海南苗王"的象征。我们来到陈日光、陈斯安烈士墓前,为这对赤诚忠勇的父子,为两位舍生取义的英烈,以及所有牺牲在这片土地上的革命烈士,敬献亲手编织的兰花花圈。大山静默,草木悲泣;我深深鞠躬,泪洒衣襟。

精彩赏析

本文语言灵动,读来妙趣横生。作者开篇介绍了动物界的奔跑健儿——豹子。海南岛的豹子种类繁多,作者列举了9种,并且以反问的句式表达了自己的喜爱之情。接着介绍了有2000多年种植历史的椰子和海南岛特有的各种猕猴。然后,作者不吝笔墨,怀着深深的感情,以细腻的笔触、质朴的语言,详细叙述了海南黎族百姓陈日光等英雄抗击日寇、保卫家园的感人事迹,令人感慨万分,文章的思想境界得到显著升华。在写作方法上,文中多处引用耳熟能详的诗歌、歌词,既能高度体现所述内容的精华,又拉近了作者与读者之间的距离,大大增强了文章的亲和力。

欢快变奏曲

"我命由我不由天"是海南第一位本土名人白玉蟾常挂在嘴边的经典名言。这句话告诉我们，人生在世不能畏首畏尾，"愚公移山"精神是我们奋进道路上永不衰竭的动力。

从空中俯瞰，海南岛颇为神异——酷似汪洋中的一只灵龟，龟背上横亘着黎母山和五指山两大山脉，它们一阴一阳相互呼应。黎母山是海南岛绵延最长的一组山地，沿着她完整山脉的轴线伸展，远处还有无数连绵起伏的山脉，浩瀚的林海莽莽苍苍、无边无际，让我的视觉和心灵都受到震撼。

在海南热带雨林国家公园这部交响乐中，黎母山是一段变奏曲，也是最为欢快的乐章。

黎母山位于琼中黎族苗族自治县。琼中地处海南岛的中心，是海南的心脏和肺叶。海南岛上空的彩云是从黎母山飘出去的。山势雄伟的黎母山，终年云缠雾绕，复杂多样的地形地貌形成混合交错的立体气候，生成多种不同的生态景观。山高路险、道路阻塞，使黎母山极少受到打扰，古老、名贵植物触目皆是；黎母山繁茂连片、结构复杂的常绿阔叶林，其性质之原始、面积之广大、保存之完好，堪称世间罕见。

热带雨林是一个复杂的森林社会，残酷的丛林法则无所不在，植物绞杀现象就是植物界弱肉强食、你死我活的典型。绞杀植物大多是榕树，它的种子落到易于榕树生长的树干上生根发芽后，其根就植入被绞杀植物的底部与被绞杀植物争夺养料和水分，后者不敌前者渐渐地成为"空心"树而死去，这就是惊心动魄的"植物绞杀"（"绞杀"刽子手还有藤萝，为了自己的生存和发展，它必须与大树竞争，它将恶魔之手伸向树干，直到大树被它活活勒死）。当榕树完成绞杀过程后，枝丫逐步向四周扩张，气柱根向下深入土壤形成新的"支柱根"，"支柱根"和粗大枝丫的树干交织一起，形似稠密丛林，这就是"独木成林"的奇特现象，它颠覆了我们对"独木不成林"的认知。黎母山有一棵千年古榕，气柱根、支柱根盘根错节，树冠面积有小半个足球场大，是非常壮观的"独木成林"。寄生也是一种既神奇又可怕的生存形式，"寄生一族"如兰科、天南星科、凤梨科、罗摩科和蕨类等上百种植物，特别是外形奇异的鸟巢蕨，总是寻找适合它们的树干，以期附于树上过寄生虫的生活。各种形态的古木与藤蔓纵横交错，树冠的枝杈上布满兰花、鸟巢蕨等各色植物，营造出一个立体的花园，是为"空中花园"。垂暮的老树在一两根枝头上开出娇媚艳异的花朵，焕发出异样的生命华彩，这是"老茎生花"……这些别具一格的热带雨林特有景观，在黎母山屡见不鲜，让人瞠目结舌，叹为观止。

各种野生动物、药用动物、观赏动物和珍贵经济动物，也都想在黎母山赢得一席之地。黎母山生息着上百种野生动物，其中十多种是海南特有种，属国家级和省级重点保护的珍稀濒危野生动物的有数十种。上山前，朋友们再三嘱咐我：山上时有野猪出没，下雨天野蜂成群，山蚂蟥无孔不入，千万要注意安全。

在黎母山山顶，高大的石壁上有东坡手书"奇峰望黎母，何异嵩与邛"，是苏东坡对黎母山的赞美；"黎婆孤标天柱峰，分明银管淡烟笼，一从三殿振宸藻，五色云霞傍六龙"，明代状元朱之蕃的诗作，道出了黎母山的神奇与奥妙。

热带雨林中河流密布，海南也有"三江源"，它就是黎母山。南渡江、万泉河（北源）、昌化江，海南这三大江河都发源于黎母山。江河带来水源，也给万物带来生机。缪尔说："森林是河流的源泉，也是生命的源泉。"黎母山正是这句话的注脚。在黎族浪漫的神话传说中，形似女体的黎母岭是祖先的发祥地，自古被视为"黎族的圣地"。《图经》载，传说雷击蛇卵得一女，居此生黎族，故名黎母。

为祀黎人之祖，元代曾在琼州府城建有黎母庙，明永乐四年（1406）重建。黎母山上的黎母庙建于何时，现已无从考证，庙里的黎母石像自然天成，真是一个不可思议的奇迹。黎母石像是黎族的始祖圣像，每天都有黎族同胞前往朝拜，祈求赐福，特别是在每年的"三月三"，黎母山上善男信女络绎不绝，成为罕见的深山盛会。山上黎族祖先刀耕火种的遗迹，让人触摸到黎族文明的原点；山巅的"大元军马到此"勒石，让我喟叹黎族同胞的历史遭际。

对黎人来说，黎母山是一座圣山；对道人来说，黎母山是一座神山。道教著名洞天黎母山，有着不少神话传说，也成就过不少道界神人，最著名的是海南第一位本土名人白玉蟾。白玉蟾天才横溢慧悟超绝，可恨应童子科却遭遇庸人，壮年时上书朝廷却石沉大海，命定他当"割绝尘累"，转而志于道游于艺。他先到黎母山拜师修炼，后游学四方，"平生博览群经，无书不读，为文制艺，无所不能"；他虽未入禅，却与禅宗一派交往颇多；游历到武夷山时，他与朱熹过从甚密，因此他"心通三教，学贯九流"。白玉蟾是史上最先指出"大自然无限"（"混沌无极"）的人之一。"我命由我不由天""名显不如晦，身进不如退"，等等，是他留下的千古名言。白玉蟾成为"道教宗师第一文笔"，被尊为道教南宗第五世祖，暮年被皇帝授予"紫清真人"称号，"为国升座"主醮事时"观者如堵"。走遍千山万水的白玉蟾，最终思乡心切回到海南，相传在文笔峰羽化升仙。

海南岛近现代史上，黎母山与王国兴——一个地名与一个人名交相辉映。78年前，被称为"黎头"的黎族领袖王国兴，领导黎、苗族同胞发动白沙起义，在黎母山区坚持最后的游击战争，为琼崖抗日战争的胜利立下了不可磨灭的功勋，为解放战争谱写出中国少数民族革命斗争史的辉煌篇章，琼中因此成为闻名遐迩的革命根据地。毛泽东主席曾高度评价道："中国少数民族自发起义，主动寻找共产党，消灭国民党，建立革命根据地，只有王国兴一人。"

并非所有热带雨林都人迹罕至，与黎母山一脉相承的"小黎母山"百花岭，是"隐藏在城市中的热带雨林"。从热闹的琼中县城到百花岭"神奇雨林"，区区6公里路程，穿过一座檐角飞翘的百花廊桥，踩几脚油门就到了，是一场说走就走的雨林探秘之旅。

传说百花岭因百花仙子与黎族青年的爱情故事而得名，这毕竟只是传说；百花溪因花落满溪而得名，却是眼见为实。温煦的阳光洒遍了沟谷和山坡，洒满了活泼泼清亮亮的溪水，让我不由自主地想起美国自然文学作家缪尔说过的话："你要让阳光洒在心上而非身上，让溪流从心上淌过而非从身旁流过。"百花大瀑布落差超过300米，是亚洲落差最大的雨林瀑布，号称"亚洲雨林第一瀑"。百花岭有一株遐迩闻名的高山榕，是一棵由许多支柱构成的大树，冠幅庞大占地数亩，犹如一个树木大家庭，人们称之为"母子榕"，蔚为壮观。"黄四娘家花满蹊，千朵万朵压枝低。留连戏蝶时时舞，自在娇莺恰恰啼。"杜甫这首诗用来描述百花盛开的百花岭正合适。

具有丰富热带雨林资源的"小黎母山"，而今华丽变身为国家 4A 级旅游景区——百花岭热带雨林文化旅游区。

举世闻名的记者作家马尔克斯认为，"最幸福的生活，莫过于上午在森林，晚上置身于都市"，然也。曾经受命采写黎族基层干部长篇通讯，我每个季节都到访过琼中，多次登上大、小黎母山，它们的美好深深地镌刻在记忆中。"这个欢快又务实的小城，从此以后，就不再需要作家了，它在等待着游客。"加缪对北非奥兰的颂扬，正是我对琼中和黎母山的祝福。

精彩
—赏析——

本文语言生动活泼而不呆板，读来津津有味，而且兴趣颇浓。作者运用了创造性词语，揭示了海南热带丛林黎母山生机盎然背后的自然规律，如"植物绞杀"令人汗毛倒竖，"寄生一族"令人毛骨悚然，"空中花园"令人赞叹羡慕等。另外，作者还引用了有关黎母山神奇的传说，大大增强了文章的可读性，如引用关于黎母诞生过程的记载，充满了无比神秘、无法捉摸的力量等，使人读来深感黎母山的魁伟、傲峻并产生强烈的心灵崇拜；文末引用名人名言点明了文章的主题。

回旋奏鸣曲

🌸 **心灵寄语**

> "东边日出西边雨，道是无晴却有晴。"正如这人生，时而风云变幻，时而平静如水。只要我们拥有一颗热爱生活的心，你便会发现这个世界奇妙无比，美不胜收。

在海南热带雨林国家公园交响乐中，七仙岭是一段升华的乐章，是惊心动魄的回旋奏鸣曲。

七仙岭因七座花岗岩山峰兀立得名，七个山岭一岭连着一岭，热带森林深邃、幽远、壮阔。春光明媚时，这里百花盛开，清香四溢；夏日炎炎时，这里微风习习，清凉宜人；秋风送爽时，这里烟霞满山，仿佛一幅淋漓水墨；北国雪飘时，这里艳阳正好，温暖如春。

森林养育了人类，森林孕育了文明。科学家证实，自然灾害层出不穷，与森林减少关系密切。没有森林，乡村难成美好家园，城市更非宜居之地，而人类也将不复存在。森林给予人类无穷的宝藏，也滋润着人类的心灵，没有森林，人类便失去了诗意的生存环境。过去，在城市的不断扩张中，城"进"林"退"，大片硬化土地不断压缩城市生态空间，使得动植物不断减少、濒危、灭绝，城市环境问题突出；现在，人们越来越认识到森林的重要性。在城市可持续发展中，森林的作用不容忽视。城镇化进程与环境之间的关系是全球性议题，许多国家已开始保护森林，着力于改善生态环境，人类走上了回归自然之路。重返大自然的森林旅游，正成为都市人的一种生活方式。

七仙岭位于保亭黎族苗族自治县境内，同时拥有野溪温泉和热带雨林，据说这样的组合是世界唯一，除了它再没谁了。保持较为完好的七仙岭热带雨林中，养育了数百种珍奇植物、野生动物，濒危、珍稀动物则常年生活在原始雨林深处。茂密繁盛的森林是最好的空气过滤器，使七仙岭成为保亭的"城市之肺""天然氧吧"；遵循人与森林互惠的法则，使七仙岭成为一处极具魅力的旅游胜地、"游客最喜爱的海南岛特色精品景区"之一。

不过，我们前往七仙岭，首要目标并非热带雨林，而是山谷中延绵数公里的温泉。七仙岭温泉群在南面山脚下，以峻峭的七峰为屏障，周边胶林如海、椰影婆娑、槟榔亭亭。

海南地质构造复杂，地热活动十分活跃，地热资源相当丰富。海南岛现已探明的温泉近40处，平均每1000平方公里就有一处温泉，密度之高居全国之首，是名副其实的"温泉岛"。在遍布全岛的温泉中，最著名的当属七仙岭温泉。它是海南温度最高的热矿温泉，也是全岛唯一有自然喷水景观的温泉。

驾车前往，沿途最为赏心悦目的，是逶迤成林的槟榔树。槟榔被黎族视为吉祥物，是他们婚丧嫁娶少不了的珍贵礼物。看着一排排树干笔直、树冠如伞，张扬着自信美丽的槟榔树，我无法淡定了，情不自禁扯开嗓门唱起流传甚广的民歌《采槟榔》：

高高的树上结槟榔，谁先爬上谁先尝，谁先爬上我替谁先装。

少年郎采槟榔，小妹妹提篮抬头望。低头又想，他又美他又壮，谁人比他强……

　　远远地，七仙岭在云雾缭绕中向我们招手，一副含嗔带怯、犹抱琵琶半遮面的娇羞模样。七座山峰就是七仙岭的七个山顶，当地老百姓给它取的名字更接地气——七子峰。站在七仙岭山巅，抬眼望，浩瀚南海，浪花朵朵，帆船点点。

　　很奇怪，我对下雨特别敏感，总是最早闻到雨的气味。6月的海南，暴雨说来就来，七仙岭尤其晴雨不定。一阵雨点突如其来，我们开心地尖叫着，任由自己淋成落汤鸡，有趣的是，身旁几十米处却依然风和日丽。第一次见识到"东边日出西边雨，道是无晴却有晴"，让我感到惊奇和兴奋。七仙岭的天气捉摸不定，缘于其独特地形：盆地、山地和山岭渐次分布，形成一个独特的雨壁结构，构成一个独立的气候环境。

　　隐蔽在雨林里的山野温泉池，都用天然卵石垒砌而成，与周围的原生态环境融为一体，没有人工设施大煞风景，只有自然野趣怡人身心。七仙瑶池野溪温泉是海南独有的医疗保健高温温泉，富含对人体有益的多种矿物质和微量元素。温泉口尽是细腻光滑的黑泥，置身其间像在做高档的护肤SPA，真正的"温泉水滑洗凝脂"。跳进由一冷一热两股溪流汇合而成的什那溪温泉，在这"鸳鸯溪"中叉腿站立，一腿凉一腿热的感受很"酸爽"。煮温泉蛋是游客的一大乐趣，将生鸡蛋扔进温泉中浸泡，十来分钟后，蛋白全凝固、蛋黄半流体；闻着山花的芳香，听着小鸟的歌唱，吃着口感特别的"流心蛋"，满满的人生幸福感。据说一些痼疾缠身的患者，在这里待上一段时间后便不治自愈。

　　我调离海南上北京工作前夕，看到《海南日报》一则报道：

《中国时报》曾两次报道过七仙岭温泉，两次都这样写道，"颇有野溪温泉之曲"。台湾居民认为，最上品的温泉是野溪温泉。人们在城市中被围困得太久，需要不时回到原汁原味的大自然中去释放自己。

阳明山温泉是台湾地区最著名的温泉景区，景区内热气腾腾的温泉水与周围的山林共同组成独特的景色，温泉水散发出的硫黄味也同时充斥在山林间。但与七仙岭相比，阳明山的山林缺少了热带雨林的原始和神秘。同样，世界著名的日本箱根温泉、泰国普吉岛温泉等，都不像七仙岭温泉，幸运地和这样一大片原始热带雨林相伴。

出于对海南的留恋之情，我一直保留着这张报纸，近期整理旧报刊时又恰巧给翻了出来，现在正好用上，真是天意。

暮霭从天边山间释放出来，远山飘动着淡淡的云霞，乡村的夜晚始于这一刻。建在温泉森林中的度假村备受游客欢迎，但我们选择前往附近的苗寨，更愿意在"农家乐"中品尝土地回馈的自然味道。在这片奇山异水间，勤劳的黎族、苗族同胞，营建起美好的家园。车外一派田园牧歌景象，夕阳西下，稻田闪耀着金色的光芒，掩映在青山翠竹间的村庄，家家户户屋顶炊烟袅袅。婉转动听的山歌，乘着夏日傍晚的微风，从雨林深处悠扬地传来。

雨后的迷人之夜，七仙岭空气异常清新甘甜，天地、丛林、田野和人家都融入了无边的岑寂，我很快进入了安宁的梦乡。

晚明文人十分讲究生活艺术，文学家、戏曲家屠隆说他最理想的生活是"楼窥睥睨，窗中隐隐江帆，家在半村半郭；山依精庐，松下时时清梵，人称非俗非僧"。七仙岭诗情画意又烟火人间，正可以提供这种"最理想的生活"。宋人有言，"山水有可行者，有可望者，有可游者，有可居者"，七仙岭"可行、可望、可游、可居"，以其得天独厚的森林资源，吸引着游客年复一年不断返回。

元气满满的新一天，意犹未尽地离开七仙岭，在几个令人捧腹的段子中，一小时车程很快结束了，我们抵达四周椰林、胶林、松林林海茫茫的仙安岭。七仙岭的"弟弟"仙安岭近年声名鹊起，这是由于它怀藏石林界的稀世珍宝——仙安石林。

怪石林立的仙安石林，被原始热带雨林遮掩得严严实实，只有走进去，才能识得它的庐山真面目。大自然之手鬼斧神工，经过千万年的漫长时光，将一座石山雕蚀成强劲的剑状、针状石头"森林"，将仙安石林打造成一座由沟壑和悬崖构成的迷宫，将仙安石林塑造成一部魔幻现实主义作品。仙安石林集石、洞、崖、林、溪、瀑于一体，千龙洞、仙女洞和蟠龙洞等暗通款曲，也许因为仙安石林吸引力太强大，神秘莫测的暗河终于忍不住在此冒出地面。这儿的溶洞、暗河都有各种奇闻怪论，如千龙洞被苗家人密传为"祖先神洞"，据说每代只传一人知悉其洞口。

一些人眼中的险境，有可能是另一些人眼里的仙境；同样，一些人眼里的仙境，有可能是另一些人眼中的险境。一直与世隔绝的仙安石林，曾有当地极少数采药人误闯、误入过，他们对狰狞如狼牙的密集石林感到畏惧，以为它被天神施展了魔法，将其称之为"鬼山""神山"。

"原始热带雨林喀斯特"仙安石林，是世界喀斯特景观的奇迹，被誉为"全球罕见的绝世奇观"。这类石林在中国首次发现，填补了我国热带岩溶石林地貌的空白。迄今为止，全世界只有马来西亚穆鲁山国家公园有类似的石林，但穆鲁山石林远比面积近600亩的仙安石林要小。（穆鲁山国家公园因热带喀斯特地貌闻名，世界上大多数关于喀斯特地貌的研究在那儿举行。）仙安石林吸引着来自四面八方的目光。按照规定，地方政府向联合国申报世界自然遗产，须先概略介绍国内同类景观，阿诗玛故乡的路南石林当年申报时，就将仙安石林重点推介，使后起之秀的它江湖地位直追"天下第一奇观"。

登临高处俯瞰仙安石林，那些被暴雨冲击出的裂痕，那些被时光雕刻出的沟壑，突然间就把我的心揪住了。霎时我感觉到，这片石林是活生生的，它的脉搏在跳动，它的血液在奔腾，它的身体在受伤，它的心灵在疼痛。置身于荒凉雄浑的仙安石林，我仿佛走进了宇宙中另一个时空，心头涌上地老天荒之感，宛若回到了无限久远的过去，又仿佛走入了无限遥远的未来。

精彩 赏析

本篇散文的特点是"形散而神不散"，这个"神"就是主旨，就是来自心灵深处的情感。散文贵在以情动人。阅读本文，你便会感知作者文笔的细腻和情感的柔和。这个"情"就是本文的主线。从七仙岭到仙安石林，从地热资源到森林温泉，从暮霭四起到雨后奇景，字里行间都洋溢着作者浓浓的情意。作者用笔轻巧，文意盎然，以"惊心动魄"起笔，围绕"惊心动魄"组织写作素材，如七仙岭独特的地热温泉、雨后的别具一格、"农家乐"的自然味道、仙安石林的绝世奇观，无不体现着作者搜集素材的良苦用心！这些精心搜集的素材，宛如一颗颗闪亮的珍珠。最后作者用质朴的情感将它们串联起来，形成文章的整体，通篇文字细腻、隽永、真挚、久远，令人爱不释手。

音画交响诗

> "险以远，则至者少""物以稀为贵"。最珍贵的好物必然举世无双，最美妙的风景必然人迹罕至。我们唯有顽强拼搏、勤奋学习，才能登上科学高峰的顶点，领略科学无尽的奥妙。

在海南热带雨林国家公园交响乐中，鹦哥岭是一首音画交响诗，是全曲的抒情中心。

森林气质各不相同。鹦哥岭森林气质粗犷彪悍，与它高大的山体和特别的位置有关。山形酷似鹦哥嘴的鹦哥岭，是海南第二高峰，是海南陆地的中枢，是海南岛重要的水源保护地，是海拔落差最大、自然景观最丰富的景区，是海南最年轻、陆地面积最大的国家自然保护区。

我告别海南的环岛深度游，白沙黎族自治县是最后抵达的县域，在白沙行脚的第一站，是白沙陨石坑国家地质公园。白沙陨石坑是我国发现的第一个陨石坑，比著名的美国亚利桑那陨石坑、爱沙尼亚陨石坑年代更为久远。从陨石坑里出来，磁化的手表、自动关机的摄像机很快便恢复了正常。那么问题来了：为什么会这样呢？白沙陨石坑有不少谜团等待破解，是科学家、太空迷、天文爱好者科研、教学、观光的好去处。

从白沙陨石坑直奔鹦哥岭。"夫夷以近，则游者众；险以远，则至者少。而世之奇伟、瑰怪，非常之观，常在于险远，而人之所罕至焉，故非有志者不能至也。"王安石这段话我们都背诵得滚瓜烂熟。正是因为"险以远，则至者少"，鹦哥岭许多地方人类甚少乃至从未踏足。原生态的鹦哥岭真是美极了，我第一次见到这么美的树林：有的树上开满鲜花，有的树上挂满兰草，有的树上长满灵芝，有的树上布满苔藓。野牡丹花身段低些，在阳光下楚楚动人。没有最美，只有更美。

踩着地上厚厚的雨林苔藓，每一脚都像踩在松软的地毯上，我们攀爬到半山腰，这儿有琼崖纵队司令部旧址，是全国六大"革命根据地旅游景点"之一，也是海南第一个以爱国主义教育为主题的公园。1945 年，被誉为"琼崖人民的一面旗帜"的冯白驹和黎族人民起义领袖王国兴会师后，在此建立了革命根据地，从此它成为鹦哥岭的红色地标。

往更远处走，往更高处行。山路两旁是遮天蔽日的五针松，间杂着鹦哥岭特有的高山杜鹃花，山崖下是欢欣跳荡的溪涧，溪畔是赏心悦目的梯田……越野车左转右转转过无数的弯道后，把我们带上了鹦哥岭腹地中的高峰村——海南岛海拔最高的黎族村落，南渡江（其中一源）就发源于此。崎岖的山路、茂密的森林、美丽的河流和纯朴的村民，共同将高峰村构建成一方世外桃源。鹦哥岭孕育了密如蛛网的河流、星罗棋布的湖泊，塑造出丰富的地形地貌，影响着全岛的气候，主宰着海南岛的水系形态，为动植物提供不竭的水资源。为了保护水资源，为了对热带雨林实施整体保护，海南热带雨林国家公园核心区域内的村庄都要整体迁移，地处生态保护最核心区域的高峰村，已于三年前启动了生态搬迁。世间再无高峰村，取而代之的是海南第一个生态移民搬迁村：银坡村。

国外有一门岛屿生物地理学，该学科认为生态复杂性与动植物种类具有"正相关关系"，的确，有一种隐秘的力量维持着大自然的平衡。鹦哥岭为生物多样性创造了条件，成为我国重量级的生物物种天然基因库，国家级保护动植物、世界性"濒危""易危"物种极多，新记录的动植物数目遥遥领先，其中的伯乐树只能在鹦哥岭上觅得仙踪。在鹦哥岭采集到的塔丽灰蝶新亚种，命名为"塔丽灰蝶海南亚种"，此发现也是一个中国新记录属。鹦哥岭昆虫种类极多，珍稀昆虫不计其数，极为珍稀的水生昆虫中华鲎蜉和海南巨鼋就选择在此地刷存在感。蛇蛉是生态环境指示性物种，只能生活在原生林中，它的发现无可辩驳地证实鹦哥岭始终保持着原生状态。

鹦哥岭不仅鸟类繁多，而且数量庞大，观测记录到的鸟类超过海南森林鸟类总数的90%，被视为"海南林鸟多样性"代表地。鸟儿在这儿生活乐无边，不用忍受寒冷、不愁食物匮乏，也不必长途迁徙当候鸟，它们幸福得四季放歌，唱出大自然中最动听的声音。在鹦哥岭，随处可见小鸟跃上枝头，翻飞间露出色彩斑斓的翅膀，这是它们最鲜亮的求偶广告。观赏鸟儿真是一种享受，不过在我眼里小鸟基本上是一个模样，这鸟、那鸟傻傻分不清。行家里手可就不同了，他们眼力非凡，什么鸟什么样一目了然。读到过一位"鸟叔"写的神文，他在鹦哥岭看到的鸟儿有黑枕王鹟、印支绿鹊、银胸丝冠鸟、红头咬鹃、褐胸噪鹛、栗颊噪鹛、黑喉噪鹛、灰喉山椒、白喉冠鹎、灰头鸦雀、红翅鵙鹛、纹胸鹩鹛、红尾歌鸲、斑尾鹃鸠、塔尾树鹊、纯蓝仙鹟、绿鹊、冕雀、山皇鸠、大盘尾、小盘尾、黄冠啄木鸟等，还有海南特有种海南画眉、海南柳莺、海南孔雀雉，以及极为罕见的"全球性易危"物种、国家一级保护动物海南山鹧鸪、海南虎斑鸦，果然"林子大了，什么鸟都有"。鹦哥岭是观鸟、拍鸟经典景点，每年春季，鹦哥岭的最佳观鸟时节到了，海内外游客、摄友、鸟类发烧友也会如期而至，不少震撼级"大片"随之问世。

"植物天堂、动物乐园"的鹦哥岭，还栖息着许多不同寻常的野生动物。

长着大翅膀拖着长尾巴的海南鼯鼠，是一种会飞翔的树栖动物，属于野生动物海南特有种，是鹦哥岭最具标志性的动物之一。它具有超灵敏的嗅觉，白天躲在树洞里，轻易不露尊容，夜里才出来探头探脑，确认没有危险后开始活动。即使遇到异常情况，它也非常镇定，迅速钻入地下，身体依然灵巧。顺便一提，在情报界，"鼯鼠"有着特殊的含义，指名义上为某情报机构工作，实际上却是积极为敌方情报机关效力的间谍，也就是神通广大又臭名昭著的"双面间谍"。

五颜六色的毒蜘蛛暗藏杀机，阿霞曾教我如何躲着它们走；圆鼻巨蜥凶猛好斗，阿刚曾说它其实欺软怕硬；大蜈蚣是灌木丛中的暗杀高手，我知道公鸡、蝎子和蚂蚁是它的死敌。最让我害怕的是蛇，盘在树上的一条横纹翠青蛇，把我吓得魂不附体、落荒而逃，当地小伙伴见状哈哈大笑，他们司空见惯满不在乎。

花花绿绿的蛇，是自然进化的神奇产物，一亿多年后，沧海早已变桑田，蛇依然横行天下，既会爬也会飞，能蛰伏也能出击。它是西方的神话动物，正是源于古希腊神话传说，蛇成为全世界的医药标志。古埃及人更是崇拜蛇，埃及法老的金冠上都有蛇的图案，象征法老至高无上，埃及艳后克利奥帕特拉则用毒蛇了结自己的生命。像古埃及人一样，黎族中的"美孚黎"也认为蛇是有神力的，同样将蛇视为图腾，在文身或文脸时都会刺上蚺蛇状的花纹，因此"美孚黎"也被称为"蚺蛇美孚"。蛇善恶交织，人对其感情复杂，爱之者美化其为"白娘子"，恨之者诅咒"毒蛇猛兽""蛇蝎心肠"。通体翠绿的毒蛇竹叶青，一招致命的"蛇蝎美人"金环蛇、银环蛇，地球上体型最大的蟒蛇，世界上最长也最危险的剧毒蛇王眼镜王蛇……都在鹦哥岭找到了它们的伊甸园。我很羡慕蟒蛇的佛系生活，它一年四季吃饱就睡，直到需要再进食才肯醒来，想想我们人类，终日辛劳所为何来，攒下的财富其实绝大部分并无必要。

蛇只能在地面上伏击，而它的天敌蛇雕却在空中虎视眈眈。蛇雕栖居于深山密林，在高空盘旋飞翔时鸣叫似呼啸，让我不由想起梭罗笔下的那只鹰："它并不是很孤独，倒让它底下的整个大地显得很孤独。"蛇雕的海南亚种也是中国特产亚种，是仅分布于海南的留鸟，主要栖息于鹦哥岭，属于国家二级重点保护野生动物。蛇雕体型虽小，却是个狠角色，捕蛇的方式很血腥，享用大餐的样子很雷人；"人心不足蛇吞象"是人类臆想出来的意象，蛇雕将整条蛇生吞却是血淋淋的事实。也许你没听说过蛇雕，至少知道"饮鸩止渴"这个典故吧？没错，古人说的"鸩"就是蛇雕——由于蛇雕吃的蛇类大多有毒，甚至剧毒，所以被古人误认为是一种有毒的鸟，以为将它的羽毛浸泡酒中就能制成毒酒，因而创造出这个成语，意喻只顾眼前不虑后患。

雨林中有很多长相怪异的动物，独特的自然环境和气候条件，造就出海南独特的两栖爬行动物，它们具有独特的环境适应能力。蛙类的模样千奇百怪，但在黎族人心目中，在水里生长的蛙，拥有强大的生存能力，是一种神物。《蛤蟆黎王》一书中，传说青蛙有神性善巫术，能喷出毒气令人昏迷，曾打败五指山的官兵，因而被推举为新黎王。因此，在黎族文身、服饰图案中有许多蛙的形象，在称为蛙锣的铜锣上也铸有蛙纽。黎族还认为蛙能避邪，能给人带来好年景，甚至能左右风调雨顺，所以"砍山栏"烧山时必须听到蛙鸣，否则会触犯神灵造成减产。

海南蛙的种类多达几十种，它们是大自然中不可替代的一群：圆头圆脑的海南湍蛙、体型超小的小湍蛙、极耐高温的海南海蛙、长相诡异的海南拟髭蟾、体型窄长的海南溪树蛙，以及细刺蛙、海南疣螈、眼斑小树蛙、鳞皮厚蹼蟾等，它们在鹦哥岭各有生存之道。海南小姬蛙，多好听的名字，这种玲珑可爱的小姬蛙，是首次在鹦哥岭发现的新物种。鹦哥岭树蛙在鹦哥岭被发现、被确定为新种并以发现地命名，是一件举足轻重的事情，标志着它得到了全世界分类学者的认可，以后世界上此类物种都将被称之为"鹦哥岭树蛙"。树蛙智商很高，雌蛙结群将卵产在水坑边的树枝上以免被天敌吃掉，卵在树上孵化成小蝌蚪，蝌蚪掉进坑里长大成蛙，宝宝顽强求生的毅力和本领令我叹服。

"稻花香里说丰年，听取蛙声一片"，多美的画面和意境，我在鹦哥岭体验过：入夜，山林万籁俱寂，唯有蛙声如雨。这种奇妙经历终生难忘。

鹦哥岭以不可言状的自然美景，奇特的地质、水文、生态景观，吸引着国内外专家经常前来实地考察，也吸引着无数海内外旅游探险家慕名而来。

精彩
──**赏**析──

　　文章先声夺人，以"音画交响诗"开篇，统领全文。作者围绕"鹦哥岭"展开叙述，叙写了美丽的鲜花、碧绿的苔藓、饱满的灵芝、鲜美的兰草、世外桃源般的村落，刻画出"没有最美只有更美"的神奇画面；接着过渡到鹦哥岭生物多样性，叙写了各种各样原生态的、稀奇古怪的、奇特的动物，令人耳目一新。在修辞手法上，作者采用了对比、引用、比喻等多种手法，将白沙陨石坑与美国、爱沙尼亚的陨石坑进行对比，突出了中国白沙陨石坑年代更为久远的优势；引用"稻花香里说丰年，听取蛙声一片"这句耳熟能详的诗词，既拉近了作者与读者心灵之间的距离，又能展现唯美的动人画面。

─────────────

压轴终曲

> 勇士是在充满荆棘的道路上前行的。勇敢产生在斗争中。只有勇敢坚强的人，才具有一种激情、一种气质、一种道德。我们青年的箴言就是勇敢、顽强、坚定，排除一切障碍。

这里是五指山国家自然保护区，世界现存的三大片热带雨林之一。

巍峨壮丽的五指山，山体状如巨掌，五峰似撑天五指，明代四大圣僧之一的憨山大师誉之"五指回拱，特起中天，为琼之祖龙"。五指山重峦叠嶂、奇峰秀拔、林海滔滔、溪洞交错、清泉流响、奇石突兀、断崖天堑、龙潭飞瀑，这一长串形容词只为说明它的瑰丽多姿、奇特雄伟、景象万千。

古往今来，五指山吸引着不少骚人墨客为之写下壮丽诗篇，以明朝政治家、文学家丘濬 6 岁时所作《五指山》流传最广："五峰如指翠相连，撑起炎荒半壁天，夜盥银河摘星斗，朝探碧落弄云烟。雨霁玉笋空中现，月出明珠掌上悬。岂是巨灵伸一臂，遥从海外数中原。"小小年纪，"笼天地于形内，挫万物于笔端"，真是了得。该诗想象绮丽、状物传神、审美超凡，把五指山描绘得灵动有趣，让人过目难忘。丘濬与白玉蟾、海瑞同为海南琼山的历史名人，与唐张九龄，宋余靖、崔与之同为"岭南四大儒"。

热带雨林大多处于南、北回归线之间，五指山平行穿越夏威夷、加勒比海、红海等海域纬度，其热带雨林的风物景象几乎囊括了不同地域热带雨林的所有特征。五指山热带雨林与亚马逊热带雨林、印度尼西亚热带雨林并列为全球保存最完好的热带雨林，国际旅游组织将五指山列为 A 级旅游景区。

高峻神奇、文化丰赡的五指山，被盛赞的词语何其多：海南屋脊、海南顶峰、海南第一山、海南岛的象征、南国夏宫、清凉世界、海南岛的精神父亲、海南岛的"万河之源"……"不到五指山，枉到海南游"，此话充分展示了当地人的自豪感，然而，谁到了海南会不去五指山呢？

世间许多美景奇观因缺少知名度而鲜为人知，只有慢下来的观光才有机会得以欣赏。五指山红山乡奇特的"石瀑"群和神秘的"龙凤瀑"，就在海口至三亚的国道海榆中线旁，遗憾"养在深闺人未识"。拨开障目之树枝，扑入眼帘的是奇形怪状的赤褐色石头层层叠叠覆盖着整个山谷，景象非常奇异壮观，其中逆天的"三生石"巨石压大石、大石压小石的霸凌，让我心生不忍又忍俊不禁。"龙凤瀑"在"石瀑"下方，形状不可描述，请各位看官尽情发挥想象力吧。

五指山热带雨林位于水满乡境内，集中了热带山地雨林、热带沟谷雨林的典型景观，是尚未开发的绿色宝库，在这儿，除了保存得极为完整的原始雨林，外人什么都看不到。水满乡因水满河得名，水满河是原始黎族的母亲河，由五指山原始森林中的山泉水汇聚而成，时而水流湍急，时而水平如镜。"水满"为黎语地名，最早出现于清代的海南地方志，汉语含义是"非常古老、至高无上"。在世界上三大著名原始热带雨林中，五指山热带雨林地势最高。进入水满乡就像走进了一首简素清新的诗词：清澈湛蓝的天空、沁人心脾的空气、枝繁叶茂的树木、百卉含英的花草、阡陌交错的田野……出自水满乡的水满茶，在清代被定为贡品，而今也是有价无市难以买到的珍品。

五指山是黎族、苗族聚居地，史诗《五指山传》是黎族人民的创世神话，《久久不见久久见》就是从五指山黎寨传出来的。在五指山的崇山峻岭中，还有黎族先民用顽强毅力开凿出的牙胡梯田，在大自然的神奇造化之外，馈赠给世人一方壮美的艺术圣地。

森林浩瀚的五指山热带雨林，是丰富的天然物种基因库和生物药材资源宝库，仅兰花就有1000多个品种，其他雨林中难得一见的"板根"，像木屏风般不时挡住我们的脚步。一棵树龄2600年巨木参天的陆均松，被当地人尊为"五指神树"；另一棵树龄2000年昂然耸立的陆均松，则被游客当作"树王"膜拜。原始热带雨林为野生动物的栖息、生长和繁殖提供了有利的条件。五指山时有珍禽异兽出没，而怪头怪脑的鳞皮厚蹼蟾、方头方脑的脆皮蛙等11种两栖类动物，属于不折不扣的五指山特有种。

因极其稀少极为罕见，海南鸦被称为"鸟类中的大熊猫"；又因其昼伏夜出行动诡秘，它也被称为"世界上最神秘的鸟"。海南鸦因英国人于1898年在五指山首次发现而得名，此后很长一段时间里，它似人间蒸发、了无踪影，想要一睹芳容，只能去大洋彼岸的大英博物馆瞻仰世间绝无仅有的一副标本。近年来，海南鸦现身于海南、广东、广西等地，这是设立国家自然保护区的重大成果。海南鸦为中国特产鸟，全世界总共不到100只，属最濒危的鸟类之一。

　　白鹭历来为人们所喜爱，是诸多古代大神笔下的美好飞禽，"两个黄鹂鸣翠柳，一行白鹭上青天""西塞山前白鹭飞，桃花流水鳜鱼肥"等不朽名句，美不胜收、意蕴无穷。60 年前，白鹭来到五指山洪斗坡村落户，村民视之为吉祥鸟，自觉订立村规、民约，爱鸟、护鸟，从不加害于它们，而且在村庄四周种植大量果树，为白鹭创造良好的生存环境。洪斗坡村仅有 10 多户人家，却有 1000 多只白鹭，村里到处可见白鹭飞翔、嬉戏、相互爱抚，村庄活脱脱一幅"仙鹭呈祥"百寿图，成为著名的"白鹭乐园"、独特的生态景观。

　　神秘美丽的桃花水母，因形如桃花且"桃花开时始见，花落后即无"得名，是一种濒临绝迹的古老珍稀腔肠动物，最早诞生于 6 亿年前，有"水中活化石"之称，具有极高的研究价值和观赏价值。《归州志》对"桃花鱼"的记载，是世界上对桃花水母最早的记录，古籍描述其"形圆，薄如蝉翼，浮水面作翕张状"。桃花水母对水质要求极高，属于世界保护级别最高的"极危生物"，2020 年 7 月，五指山什会村发现桃花水母，可见五指山的生态环境有多好。

　　置身于五指山主峰，云雾从身边缓缓飘过，极目远眺，大海广阔无垠、烟波浩渺。"我不说普通的人类都能在高峰上生存，但一年一度他们应上去顶礼。在那里，他们可以变换一下肺中的呼吸与脉管中的血流。在那里，他将感到更迫近永恒。以后，他们再回到人生的平原，心中便会充满了日常战斗的勇气。"这是罗曼·罗兰的话，伟大的文学家总能精妙地道出我们的心声。

　　在中国文化中，山是可以通天的风云交集之地，寺庙是人与神佛的通灵之所，寺庙建筑都采用升腾之势，五指山也不例外。中指峰上的观音禅寺殿宇巍峨、庄严、静谧，充溢着佛门清净之气。顺着岚光花影的菩提小径，在梵音赞唱中拾级而上，仰望观世音菩萨妙相庄严端坐于莲花座上，观音菩萨悲悯俯视着芸芸众生，携带着菩萨的慈悲和祝福，带给人心灵的宁静和法喜。相传古时高山族人就在观音禅寺旁的巨石上磨刀，石头上至今还留有磨过刀的痕迹。秦汉之交海南属南越国，"高山族"名称出现于明代之后，台湾高山族的民族来源是多源性的，主要就来自祖国大陆东南沿海古越人的一支。

峻峭奇拔的五指山，吸引着大量驴友前来探险观光。喜爱挑战性极限运动的年轻人，往往选择远足、登山、攀岩、漂流、露营、飙越野山地车；喜欢舒缓慢节奏生活的游客呢，则可以赏景、钓鱼、摄影、植树、观看野生动物。用流行的话说就是：总有一款适合你。

断岩交错的五指山大峡谷，是五指山热带雨林水景观集中区。五指山河流众多神出鬼没，一首古老的黎歌唱道：

五指山啊五条溪
汝知哪条载水多
汝知哪条流下海
汝知哪条又流回来

在五指山雄伟宽广的山体中，险峻角峰和奇绝深谷构成巨幅绝美画卷。奇伟壮观的五指山瀑布群，水柱倾泻于巨石上飞溅起惊心动魄的飞瀑。沉寂的峡谷吐出料峭的寒气，给人以莫名的压迫感，在湿润、清新、沁凉的雾气中，我感觉到洪荒之力的存在。五指山大峡谷漂流全程长约6公里，呈"S"形的河段在雨林、奇峰、瀑布、绝壁中激进，船行其间险象环生，漂流者但见两岸悬崖绝壁云雾缭绕。当漂流途经水流落差极大的险滩时，船只忽左忽右、或前或后，当时似乎惊险无比过后却是回味无穷，故五指山大峡谷漂流享有"神州第一漂"美名。至于五指山雨林谷漂流、红峡谷漂流，则让游客不仅可以在惊险中体验惊喜，还可饱览峡谷两岸古木繁花、藤萝密布、彩蝶纷飞的原始雨林景观。

文人骚客将中国山水之美概括为"雄、奇、险、秀、幽、奥、旷"，而我眼中的五指山，囊括了所有的山水之美。毫无疑问，五指山是海南热带雨林国家公园交响乐中的辉煌顶峰，是铿锵有力的压轴终曲。走进五指山国家自然保护区，就像走进了大自然博物馆，走进了交响乐的殿堂。

五指山不仅有绿水青山，还有红色记忆。五指山是海南红色文化的重要发源地，海南第一面红旗在五指山上升起，琼崖纵队后方司令部设在五指山。五指山野菜是海南最著名的野菜，以其毫无污染的品质、清脆嫩滑的口感拔得头筹，它曾是琼崖纵队战士的家常菜，故而得名"革命菜"。中国电影史上的经典影片《红色娘子军》、杰出的中国现代芭蕾舞剧《红色娘子军》，故事就取材于琼崖纵队女子特务连的英雄事迹。海南女人带有台风的性格，平常默默无闻，有时却会呼啸，正如"红色娘子军"。惊艳世界的现代芭蕾舞剧《红色娘子军》，展现出中国芭蕾的独有风貌和民族风情，为世界芭蕾舞坛增添了一朵奇葩；唱遍大江南北的剧中配歌《万泉河水清又清》，吸收了五指山的民歌元素，开创了芭蕾舞剧载歌载舞的新形式。传唱不衰的红色经典歌曲《我爱五指山，我爱万泉河》，则借鉴了海南民歌《五指山歌》中的音乐元素，优美的旋律中透出阳刚之气，它不仅飞遍了祖国的山山水水，还飞上了宇宙太空——2005年被神舟六号宇航员带入太空播放：

我爱五指山的红棉树

红军曾在树下点篝火

……

我爱万泉河的清泉水

红军曾用河水煮野果

……

啊，五指山，啊，万泉河

海南最美丽的水系万泉河，被海南人民视为心中的母亲河，被外媒誉为"中国的亚马孙河"。万泉河古称多河，由多河演变为万泉河，与唯一到过海南岛的皇帝有关。遥想宫廷倾轧的元朝中叶，皇子图帖睦尔被流放到海南多河畔，后被召回京即帝位，是为元文宗。登基后，文宗将"多河"命名为"万泉河"，以此感恩报答海南百姓护他"万全"的深情厚意。名称的变迁，诠释着海南母亲河的深沉与久远。万泉河有南、北两源，南源从五指山东麓发端，犹如一条美丽的白练，从五指山峰飘然而下；北源自黎母山南麓肇始，宛若一条雄伟的玉带，自黎母山脚下奔腾而出。河流欢腾穿行于森林和田园，千回百转东流到举世闻名的琼海博鳌，从博鳌入海口投入南海的怀抱，至此完成它们在大地上的壮阔旅程。无风三尺浪的南海，在夜色即将来临时，忽然又变回深蓝色，潮平岸阔静默如谜。无边无际的南中国海，明天又将翻开崭新篇章，一个新的时代正乘风破浪而来。

精彩
—赏析——

　　作者没有从方方面面来介绍海南，而是紧紧抓住海南岛最富有特色的景点五指山，以点概面介绍了五指山的巍峨，以及山上森林、田园、瀑布、动物、鸟类等特点，使读者通过五指山从而了解真正的海南，正是"窥一斑而知全豹"。另外，作者采用了引用的修辞手法，大量引用古典诗词和民歌，如"西塞山前白鹭飞，桃花流水鳜鱼肥""两个黄鹂鸣翠柳，一行白鹭上青天"及红色经典歌曲《我爱五指山，我爱万泉河》等，节奏明快，诗意盎然，充满了喜庆的生活色彩和积极向上的革命斗志。文章结尾作者以"一个新的时代正乘风破浪而来"的呼告句式收缩全文，既总结全文，又升华主题，让人回味无穷。

1.阅读《奏鸣序曲》，回答问题。（10分）

（1）请从修辞的角度对"一面巨大的银镜闪入眼帘。到了，镶嵌在山腰的尖峰岭天池，热带雨林里海拔最高、面积最大的高山湖。"进行赏析。（3分）

_____

_____

_____

_____

（2）这篇文章看似写景，却用大量的笔墨描写蝴蝶这类昆虫，为什么？（3分）

_____

_____

_____

_____

（3）下列对这篇散文的赏析，不恰当的一项是（   ）（4分）

A.文章开篇，以充满激情的笔触，描绘了一幅原始森林的壮丽画卷，为全文定下了基调。

B.由于作者对尖峰岭的喜爱和感悟，使得文章句句有情，句句合理。

C.本文运用了象征手法，尖峰岭是品格的象征，尖峰岭的形象其实就是作者自己塑造的。

D.出于对尖峰岭的热爱和艺术表现的需要，作者多次运用了比喻和拟人的修辞手法。

2. 阅读《音画交响诗》，回答问题。（6分）

（1）选文第二段主要运用了哪些说明方法，并分析其作用。（3分）

_____

_____

_____

（2）选文第十三段中"攒下的财富其实绝大部分并无必要"，短语"绝大部分"能否删去？为什么？（3分）

_____

_____

_____

3. 写作训练。（60分）

　　森林养育了人类，森林孕育了文明。科学家证实，自然灾害层出不穷，与森林减少关系密切。没有森林，乡村难成美好家园，城市更非宜居之地，而人类也将不复存在。森林给予人类无穷的宝藏，也滋润着人类的心灵，没有森林，人类便失去了诗意的生存环境。过去，在城市的不断扩张中，城"进"林"退"，大片硬化土地不断压缩城市生态空间，使得动植物不断减少、濒危、灭绝，城市环境问题突出，现在，人们越来越认识到森林的重要性。

　　要求：请选择一个角度，确立文意，明确文体，自拟题目，不少于800字。

汉之玉

❀ 心灵寄语

"宁为玉碎，不为瓦全"。黄金有价玉无价。我们以玉寄托高洁理想，牢记玉的品德，务必修身养性，锤炼自己的德行。

玉，珠宝之首，在世界各地广受推崇，尤其在中国。

玉极坚硬，却又温润，是故孔圣人对玉推崇备至，"君子比德于玉焉"。管子说玉有九德，荀子说玉有七德，许慎说玉有五德，象征"仁、义、智、勇、洁"，因而，"君子必佩玉""言念君子，温其如玉，故君子贵之也""君子无故，玉不去身""宁为玉碎，不为瓦全"，以玉比人喻事，以玉寄托高洁理想，意在提醒自己牢记玉的品德，务必守身如玉般修身养性。

在圣贤们抬爱下，在君子们厚爱下，玉在中华民族传统文化中独树一帜，寓意"美好、高贵、吉祥、柔和、安谧"，是故，无论赞扬人之美貌、美德或其他事物之美，总是用玉来作比：玉容、玉姿、玉言、玉声、玉手、玉臂、玉腿、玉肌、玉照、玉泉，琼浆玉液、琼楼玉宇、如花似玉、亭亭玉立、金枝玉叶、珠圆玉润、软玉温香、玉色瑗姿、美如冠玉、芝兰玉树、冰清玉洁、浑金璞玉、金科玉律、珠玉在前、玉成好事……不胜枚举。称三界的最高统治者为玉皇大帝，简直就是登峰造极了。玉，激发了人们无限的想象力和表现力。

想起一则文坛趣闻。当代著名画家、作家黄永玉本名黄永裕，最初发表作品时用的是本名。他的表叔沈从文建议他改笔名为黄永玉，沈文豪说：“永裕不过是小康富裕，适合于一个布店老板而已，永玉则永远光泽明透。”他接受表叔建议，从此，“黄永玉”名扬天下。唉，早知道“玉”对扬名立万影响力这么大，我当初取个笔名叫杨玉嬛该多好。

无端地又想起《诗经》里的《斯干》篇章：“……乃生男子，载寝之床。载衣之裳，载弄之璋。其泣喤喤，朱芾斯皇，室家君王。乃生女子，载寝之地。载衣之裼，载弄之瓦。无非无仪，唯酒食是议，无父母诒罹。”翻译成现代文，大意就是：“……若是宝贝公子生下来，让他睡到檀木雕的大床上，让他随意穿那漂亮衣裳，淘来精美的玉圭给他玩耍，你看他的哭声是多么嘹亮，将来定会大红蔽膝穿身上，成为我周室的君主或侯王。若是千金女儿生下来，让她睡到屋脚地边，小小的襁褓给她往身上穿，找来陶制的纺锤让她把玩，但愿她不招是惹非不怪异，每天循规蹈矩围着锅台转，通情达理不给父母惹麻烦。”赠男孩玉圭，勉励他将来成君成王；给女孩纺锤，让她将来当好家庭主妇，古代男尊女卑到如此地步，让我庆幸自己幸而生在了男女平等的时代。

神、人、鬼之间，有着说不清道不明的爱恨情仇，因为玉富灵性，人们相信，在身上挂块玉牌或戴件玉饰，就可以与神灵相通，三界之间便能够靠玉来通灵。玉之所以能够为“宝”，关键就在于“通灵”。所以，玉不仅是王公贵胄生前炫耀身份地位的专享品，也是他们死后的陪葬品。但也不是谁想用玉陪葬谁就可以做到的，即便君王，倘若无德，死后亦不可陪葬玉器。这是因为在长期的历史进程中，国人形成了根深蒂固的全民尊玉、爱玉的民族心理，玉的神化和灵物概念、特殊权力观点，皆植根于此。

佛教雅称玉为"大地舍利子"，认为玉是具有祛邪避凶法力的灵石。佛家对玉如此崇尚，于是，人们更加认定玉之灵性不仅能辟邪、镇宅，还能给人带来难以言传的喜瑞、吉祥。对于男女爱情来说，玉也有剪不断理还乱的情愫，华夏玉道，通神达俗，君威国祚玉为鉴，男欢女爱玉作证。男女传情达意，"何以赠之，琼瑰玉佩"。

历史上，宫闱中，帝王、嫔妃养生美容离不开玉，著名传说有：武则天玉粉养颜、宋徽宗嗜玉成癖、慈禧持玉拂面、乾隆香妃因佩戴金香玉而浑身香气迷人……最著名的传说，当属杨贵妃的桥段：杨氏衔玉而生，得名"玉环"，及至"杨家有女初长成"，因"姿质丰艳"为唐玄宗垂涎，当皇上的哪会管什么伦理道德，儿媳妇杨玉环被"一朝选在君王侧"，成为集万千宠爱于一身的杨贵妃，杨贵妃体胖怕热，玄宗便赏以玉鱼，让其含于口中以解暑。得宠如此，又含玉生津，贵妃更是出落得"回眸一笑百媚生，六宫粉黛无颜色"。真真活色生香。

随着时代变迁，终于，玉这至尊珠宝，早已"旧时王谢堂前燕，飞入寻常百姓家"，人们信奉男无玉不壮、女无玉不美。佩玉不但美观，玉更是越放越值钱，故而老百姓一旦手有余钱，就会升腾起一种强烈的欲望：买玉。所谓"乱世黄金盛世玉"，所谓"黄金有价玉无价"，说的都是收藏之道。当然也有双管齐下的，"金玉满堂"是达官贵人和平民百姓共同的愿望。

陕西蓝田玉很有名，因为那句"蓝田日暖玉生烟"。其实蓝田玉质地并不很润泽细腻，无非颜色比较丰富。然而，玉不是普通商品，而是文化产品啊，其最大的价值和意义就在于此。几千年来，玉文化对国人的深远影响，是浸入骨子里灵魂里的。

金香玉远比蓝田玉神秘、名贵。

金香玉貌似质朴无华，因此才有一句俗语"有眼不识金香玉"。金香玉是稀世之宝，太难看到，更难得到，所以"有钱难买金香玉"。不过，古代王宫贵族对金香玉早有珍藏，且有诸多记载，最早见于唐肃宗以金香玉赠大臣为其辟邪；清代大才子纪晓岚在其主持编纂的《四库全书》和其所著的《阅微草堂笔记》中，对金香玉不吝笔墨、大加赞美。

古占星学家认为：金香玉是吉祥的象征，拥有者不仅每每能逢凶化吉，还会得到意想不到的好运。

读到过雷抒雁先生大作《贾平凹分香散玉记》，文中提到陕南汉中一老汉，早年间意外拾得一块金香玉，这块金香玉果然帮其躲过了死伤之大劫，为表感恩，他将其一分为四，其一主人即贾平凹（原文：他去汉中采风，听说了这个故事便走访老汉，老汉念他是个作家，也就给了他一块），凹公因为"当今世上只有四个人拥有、只有自己一个人佩戴"而扬扬得意，带到北京嘚瑟。"金香玉，这不是千百年来一直在传说的宝物吗？"几位陕籍京城雅士争相观赏，结果乐极生悲，金香玉跌落，与大理石相撞破碎，碎裂声让贾平凹心如刀绞，他闭着眼睛喃喃自语："一共六个人，一定是六片……"果然！另五人无不目瞪口呆。贾平凹认为此乃天意，干脆送每人一块，据说此后他时来运转，开始在文坛风生水起，端的是善有善报好人好报。金香玉真是神奇啊。

自金香玉面世以来，人们对它的热爱从未减退，"在古老的陕西汉中，一座幽深的山中，蕴藏着一种会散发出迷人香气的美玉，这就是人们寻觅已久、只见诸史料记载而难得一睹芳容的奇珍玉石——金香玉"，这段神文广泛流传于世，刺激得一些人做梦都在寻觅金香玉。

汉中，这座"琼台玉宇汉上城"是一座了不起的城市，尤其对汉人来说。汉中是汉朝的起点，汉族从这里诞生；汉中是汉文化发源地，汉语、汉字、汉书、汉学，皆起源于此。汉中还有汉江、汉山，中国以汉中划分南北。汉江，古有"天汉"之美称，来源于《诗经》中"唯天有汉，鉴亦有光"；汉山，是周公祭天的神山，曹操以诗句"周公吐哺，天下归心"歌咏之。土厚水清的汉中，"青山汉水蓄王气"；浩荡着帝王气英雄魂的汉中，自古深山藏美玉，"石韫玉而山辉"。汉代玉雕，正是后来历代尤其清王朝宫廷玉器的典范。而今，陕西地矿总公司在汉中，在被联合国认可的"中国千年古县"南郑，在崇山峻岭中的碑坝山，勘探到大储量的汉玉，这真是陕西人民和汉中福地之大幸。

汉之玉，从远古走过来，从宫廷走出来，从神坛走下来。

玉是石头精华，石之美者谓之玉，而我从来没见过这么美的玉石，赤橙黄绿青蓝紫，各种色彩齐全，汉中玉因而被称为"中国彩玉"。汉中玉含有大量透辉石，是翡翠的重要成分，颜色是纯洁的白色，被誉为"白翠"。金香玉，则是汉之玉中的极品。

美，是玉的最高法则。美玉养美人，一笑倾国的绝代佳人褒姒，就是汉中人。

因了机缘，我在汉中有幸目睹了金香玉。那古朴醇厚的颜色，深褐如泥土，不事张扬，不露锋芒；那温润细腻的质地，如凝练的油脂，渗透出迷醉心魂的芳香；那纯正明亮的光芒，清新如初阳，凛于内而形于外。金香玉，真正"色可以濡目，性可以涤身，光可以照心"。她聚天地之精华、得日月之灵气而成国色天香，她至朴至艳、至拙至巧、至简至美。

女人常常把梦想寄托在珠玉上，其中最爱，首推玉镯。自大汶口文化时期出现玉镯以来，女人对玉镯的热爱一直盛行不衰。春秋时期的扁圆形玉镯款式依然是现代妇女最钟情的"福镯"。隋、唐、宋朝女子佩戴玉镯成风，连佛教题材绘画，壁画中的仕女、飞天、菩萨，也大都离不开玉镯；到了明、清、民国时期，玉镯材质之佳、款式之多、造型之美、工艺之精，空前绝后。老年女子钟爱玉镯，则多是为了辟邪——据说只要玉镯在腕，即使不慎摔跤跌倒，身体也不会受伤，自有玉镯护佑。

多年前，看过由白先勇小说改编拍摄的影片《玉卿嫂》，至今记忆犹新。因家庭变故，柳家少奶奶单玉卿沦为帮佣玉卿嫂，影片里，玉卿嫂试水温时，肌肤胜雪的皓腕在眼前那么一晃，戴着玉镯子的玉手蜻蜓般在水里那么一飞，当即让我惊艳。不用前戏交代，一看就知道她是从富人家出来的。玉卿嫂洗衣服的画面，也让我永生难忘：一下一下，玉手在搓衣板上来来回回；一荡一荡，那玉镯让我心旌摇曳、神魂颠倒。玉卿嫂那么笃定、平静、温婉，一派心如止水的模样，这样的处变不惊，这样的外柔内刚，应当来自她内心的底气和她留存的梦想吧，那可都是由她玉腕上的贵重玉镯做底子的啊。观赏过电影《玉卿嫂》之后，我的首饰渐渐演化为手饰：玉镯；见识过汉之玉后，我的手饰梦想壮大了：金香玉手镯。

梦想还是要有的，万一实现了呢。

精彩
—赏析—

　　本文大气磅礴，开篇以玉在中华民族的地位之高切入主题，先声夺人，一下子就抓住了读者的注意力。接着作者以玉喻人、以玉喻品为主线，旁征博引，列举唐肃宗、纪晓岚、曹操等例子，详细介绍了玉在人们心目中的崇高地位和喜爱之情。本文有关玉的二字句和四字句较多，节奏明快，朗朗上口。最经典的一句"汉之玉，从远古走过来，从宫廷走出来，从神坛走下来"，使文章首尾呼应，浑然一体。

古贝州之春

🌸 **心灵寄语**

> 　　后羿射日，嫦娥奔月，我们的祖先如此有梦想并付诸实践，多么了不起的梦想和壮举啊！有梦想才有目标，有梦想才有前程，有梦想才有力量。

　　曾经梦到德州，平生足迹未至，梦中情景历历，却似故地重游。

　　从此那秦始皇以水德立国的"水德之始"德州，成为我心中隐秘的故乡，成为我人生中一个重要的关键词。

　　一次来自德州武城的邀约，即将开启我盼望已久的"德州寻梦之旅"。莫非我的前世在武城，或者说在贝州？

　　抵达德州高铁站，心头掠过一阵悸动。

　　武城古亦称贝州。战国时期，武城属赵国，地处赵国东部边塞，乃军事要塞，为防御外敌侵入，屯以重兵、坚固城墙，谓武备之乡，故称武城。战国平原君任赵国宰相时，受封于此；杰出的农民领袖、"夏王"窦建德，降生于此；中华第一状元孙伏伽，诞生于此；"诗有太白遗风"的豪侠才子张祜，成名于此；明代"圣人"王道，告归于此；还有"千古忠烈"赵苞、辛亥革命先驱王金铭……武城孕

育了多少英雄豪杰硕学名儒。小小武城，出过 18 位文武状元、42
位宰相。

友人开玩笑，说我的前世就在武城，说不定就是张祜。虽然"宫
词老大"张祜的宫词"故国三千里，深宫二十年。一声何满子，双
泪落君前"让我欢喜得紧，但如果我的前世真在这"弦歌之地，状
元之乡"，我倒希望是"夏王"窦建德。或许，我骨子里有草莽英
雄情结。

环绕武城的卫运河，古时候为黄河故道，秦汉时期称为清河，
隋唐两代属永济渠，宋代称御河，元代临清成为京杭大运河的一段。
相传大禹治水，"一生浚九河，其五在德州"，武城境内的鬲津河（现
称减河）就是其中之一。上古时期，临鬲津河而居的鬲氏部落，以
擅长制作陶器"鬲"而得名、而闻名，史书记载，神话传说中的"后
羿射日""嫦娥奔月"，就发生在鬲氏部落左近。

因水美谷丰，武城在商代以酿造国酒闻名于世。"尧舜千钟，
孔子百觚。""古之圣贤无不能饮也。""少有异才"的东汉名士、
建安七子之一孔融说，"尧不千钟，无以建太平；孔非百觚，无以
堪上圣"，这个以"孔融让梨"名扬天下的孔子第二十世孙认为，
其先祖之所以能万世师表，原因之一就是能喝。这话说得，也不知
道孔圣人受用不受用。然而，武城美酒就曾让孔圣人"醉卧"，可
见其诱惑力有多大。

古人将酒归功于"酒以成礼，酒以治病，酒以成欢"。据说当
年秦军围攻赵国，平原君想求救于楚国，门下食客毛遂自荐，所带
国礼为美酒，而且正是武城酒。毛遂不仅成功说服了楚王，还留下
了典故成语"毛遂自荐"。

在中华民族传统祭祀活动中，酒必不可少，所谓"无酒不成礼

仪";民间的婚庆嫁娶、节庆生日、修房盖屋、嘉奖慰劳、亲人团圆、朋友聚会，酒也不可或缺。"一壶浊酒喜相逢""酒逢知己千杯少""劝君更尽一杯酒，西出阳关无故人"……酒以成欢，酒亦壮别。

酒与英雄豪杰的故事，几乎人人耳熟能详：晋文公莘山温酒、勾践酒壮士气、荆轲以酒壮别、霍去病"酒泉"犒兵、汉高祖借酒斩蛇起义、曹操煮酒论英雄、关云长温酒斩华雄、赵匡胤杯酒释兵权、岳飞携酒助威、武松醉打蒋门神……顺便一提，武城有个千年古镇甲马营，因宋太祖赵匡胤曾在此下马巡营而得名。再郑重其事一表：著名爱国将领吉鸿昌率部驻扎武城时，为唤起民众书写"睡狮猛醒"，将其镌刻于县府门前的石狮子背上，这对石狮现存于古贝春文化馆。

历史上，枭雄为美女而战的事例不少，最著名的，国外有古希腊神话中的特洛伊战争，为争夺绝世美女海伦，双方足足打了十年；国内有吴三桂"冲冠一怒为红颜"，因为陈圆圆，甚至改写了中国历史。《庄子》中记载了一个战国时期因酒引发的战争：邯郸之围。著名军事家孙膑、庞涓生死对决，"围魏救赵"就是这么来的。

岁月更替，贝州"国酒"赵国佳酿随之销声匿迹，但到西汉时期，武城"东阳好酒"又声名鹊起。至隋唐，武城"状元红"被唐太宗定为宫廷宴酒。京杭大运河开通后，德州作为运河要津，号"九达天衢""神京门户"，"商贾辐辏，仕女如云，车水马龙，奔赴络绎，极一时之盛"，运河上"帆樯如林，百货山积"，运河两岸"市肆栉比，绵亘数十里"；武城成为重要码头，武备之乡华丽变身为商贸之城，市肆林立店铺连门，酒市更是红火，民谣传唱"买好酒，贝州走，大船开到城门口"，可见贝州美酒之盛极于世。清朝鼎盛时期，"状元红"演化为"小米香"，成为向宫廷进贡的民间名酒。惜乎清末民初以降，因战火频仍民生凋敝，贝州佳酿渐渐消弭于历史烟云中，多少年来，失落的武城人只能不胜惆怅地"遥想当年"，喟叹一句"我们祖先也曾阔过"。

而今，在武城古贝州，我们一行人短暂客套寒暄之后，大家开始推杯换盏。男人似乎是天生的酒精动物，一有高兴事儿就喝酒，有了不高兴的事情也喝酒。不多久，同伴都喝嗨了，他们说："今儿个高兴！"或许日常的忙碌琐碎，容易腐蚀掉生活激情，只有依靠酒精或爱情的燃烧，才能感觉自己不那么平庸；蒙古族男人酒兴更豪，并且一喝酒就唱歌，一唱歌就能把女人的心融化，我在乌珠穆沁大草原上领教过。

文友们喝得开怀，酒兴之下，吟诗作赋者有之，自比"诗圣""诗佛""诗仙""诗豪""诗魔""诗鬼"者亦有之。文人与酒，自古纠缠不清。王孝伯"痛饮酒，熟读《离骚》"，怀素酒醉泼墨，刘伶整日狂醉，李白"斗酒诗百篇"，孟浩然"且乐杯中酒"，柳永"疏狂图一醉"，苏轼"把酒问青天"，晏殊"一曲新词酒一杯"，辛弃疾"醉里挑灯看剑"，陶渊明"斗酒聚比邻"，岑参"斗酒相逢须醉倒"，秦观"为君沉醉又何妨"，黄公望"酒不醉，不能画"，欧阳修"颓乎其中"著《醉翁亭记》，刘禹锡"暂凭杯酒长精神"，唐伯虎"以花为邻以酒为友"，张索懿"有酒学仙无酒学佛"，蒲松龄"名士由来能痛饮"，曹雪芹"酒渴如狂"，弘一法师出家前也还"一斛浊酒尽余欢"……真的是"古来圣贤皆寂寞，惟有饮者留其名"！

相传美酒的发明人是女性，这一点，恐怕令男人很是泄气。《吕氏春秋》云"仪狄作酒",《战国策》进而言之"昔者帝女令仪狄作酒而美,进之禹,禹饮而甘之"。所以,真要喝起来打擂台,男人未必是女人的对手。文君当垆,贵妃醉酒,班婕妤借酒浇愁,李清照"夜来沉醉",唐婉"红酥手,黄縢酒"……女人的含蓄与狂放、悲喜与嗔怨,在喝酒后便能体现得淋漓尽致。

不管谁用什么话来刺激,我都是脖子一梗打死不喝,一副"刀枪不入,百毒不侵"的师太尊容。也曾喝过几次,无论喝的是白酒,还是红酒、啤酒,每次都难受、过敏,后果很严重。小命要紧,礼数就顾不得了。鲁迅文学院高研班学弟庆杰说:"常言道,'喝贝州老酒,吃德州扒鸡',人生莫大享受。来到你的'前世'之地,不喝点说得过去吗?"字字击中软肋,句句戳到泪点。又想起19岁那年坐火车上北京,在德州站台上买了只德州扒鸡,那个黄灿灿、香喷喷、油滋滋,啃得我满嘴流油,吃得我满心欢喜,多年过去了,当时的情形和心情,至今忘不了。把心一横,喝!即便一命呜呼,也是魂归"故里",也算死得其所。结果安然无事,白白壮怀激烈一番。

抬眼望窗外,老树绽新枝。南运河德州段已成为世界文化遗产,几只小鸟落在河畔大树上,叽叽喳喳叫得挺欢,好像鸣叫的是"布谷,布谷"。又一个春天来临了。

精彩
—赏析——

　　故乡是我们的根。作者从"人生"切入，开篇提升文章的深度。"我"介绍了德州的"前世今生"——孔子得意门生子游、战国平原君、"夏王"窦建德、中华第一状元孙伏伽、豪侠才子张祜、明代"圣人"王道、"千古忠烈"赵苞、辛亥革命先驱王金铭及18位文武状元、42位宰相，字里行间洋溢着浓浓的自豪感、沧桑感、历史感。作者紧紧抓住德州的特产"酒"大做文章，旁征博引了大量酒与豪杰的故事，酒与诗人的缠绵，酒与女性的浪漫，酒与习俗的密不可分等，字字珠玑，娓娓道来。文末作者对运河德州段文化遗产的描写，看似闲来之笔，实质预示着武城古贝州在新时代旧貌换新颜、奔向美好未来的梦想，大大加深了文章的意境。

走在天地间

🌸 心灵寄语

> 延安精神，薪火相传，一代又一代陕北人，埋头苦干，从过去走向现在，从现在走向未来。

往历史的纵深处看去，陕西，是中国最为壮丽辉煌的地方。

古老陕西，横跨黄河、长江两大流域，以秦岭—淮河一线划分国土南北；省会西安，是世界四大古都之一，是丝绸之路的起点，是中国经纬度基准点大地原点，是北京时间国家授时中心所在地。

陕西是中华民族的摇篮、华夏文明的发祥地，传说中的"三皇"、人文初祖炎黄二帝、农耕文明始祖后稷、"造字圣人"文祖仓颉、创建礼制的周文王、分封天下的周武王、统一中国的秦始皇、君临天下的汉武帝、写出"史家之绝唱"的司马迁、开创"盛世之国"的隋文帝、扫除群雄的唐高祖、文韬武略的唐太宗……这些彪炳史册、灿古耀今的人杰，都生长和建树于这片土地。

陕西，神于天，圣于地。

而"天之高焉，地之古焉，惟陕之北"。

是美国作者埃德加·斯诺的《西行漫记》（《红星照耀中国》），让我这个江南女子的心灵，早在少年时期，就深深地为陕北震撼。

那是一片理想主义的天空，那是一片英豪辈出的土地。

黄土地，就是陕北人的生命舞台。

陈胜、吴广、李自成、张献忠……多少英雄豪杰，曾在这片土地上大展雄才、一抒伟略，但都以失败告终；而红军在陕北，以两万兵敌国民党二十几万大军，成为世界战争史上的奇迹。

山河之固，在德不在险。

延安，是我青春岁月的心灵图腾；延安，是我仰之弥高的精神高地。延安窑洞的灯火，在我心中光焰万丈；枣园、凤凰山、杨家岭、王家坪、瓦窑堡、南泥湾，都是早已深入我灵魂的名称。

终于，我踏上了这片伟大而神奇的土地，踏访着革命先辈的奋斗足迹，来到了陕北，来到了延安——朝圣。

仰望宝塔山，眺望着太阳从地平线上升起，我的血液沸腾、心灵战栗。

在这里，信仰、理想、激情再度凝聚，让我重新得力，如获新生。

延河奔流不息，像亘古的诉说，诠释着延安的前世今生。

如果不是参加"亚洲作家走进延长"采风活动，我可能至今还不知道：革命圣地延安，也是中国石油工业的发祥地；中华人民共和国摇篮延安，也是中国石油工业的摇篮。

百年延长，源远流长。

早在北宋年间，科学家沈括在赴任延安府太守途中，在延河边发现了石油，将其记载于《梦溪笔谈》，并预言"此物后必大行于世"。

"苦焦"（陕北方言）的黄土地下，蕴藏着丰厚的液体黑金，这是天地的秘密，是天地包藏之妙。

石油，是现代工业的血液，是现代工业的象征。即便是腐败无能的清末政府也深谙此理，于是在延安设立延长石油官厂，钻成中国陆上第一口油井，结束了中国大陆不产石油的历史，填补了旧中国民族工业的一项空白，使延长石油成为中国石油之祖。随后，延长石油生产出与"洋油"媲美的灯油，开创了中国石油加工的历史先河。

延长石油，就是黄土地上的脉搏。

刘志丹解放了延长石油官厂，让石油回到人民的手中，在"一滴汽油一滴血"的抗日战争和解放战争期间，延长石油有力地支持了中国红色革命，被誉为"功勋油矿"。1944年，毛泽东为时任延长石油厂厂长、陕甘宁边区特等劳模——陈振夏亲笔题词"埋头苦干"，激励着一代代延长石油儿女脚踏实地奋勇前行。

埋头苦干，成为延安精神的原生组成部分，成为中国共产党重要的精神财富。

苏联作家阿·托尔斯泰在他的《苦难的历程》中写道："岁月会消失，战争会停息，革命也会沉寂下去。"

是的。革命，不就是为了人民过上安康幸福的生活？

在延安精神的光辉照耀下，一代又一代陕北人，仰天俯地，埋头苦干，从贫穷走向富裕，从现在走向未来。

延安精神，薪火相传。

从延安走出来的诗人阎安说："陕北的现代性觉醒与发生在这块土地上的两大历史事件密切相关，一个是延安时期，一个是知青来延安插队。"

我以为，对于长久"文必秦汉，诗必盛唐"的炎黄子孙来说，这个"现代性觉醒"，更多指文化觉醒。

延安时期的诗人光未然与音乐家冼星海的珠联璧合之作《黄河大合唱》，"奔向延安的少年"贺敬之历久弥新的经典戏剧《白毛女》、荡气回肠的诗歌《回延安》，延安插队知青路遥的《人生》《平凡的世界》、史铁生《我的遥远的清平湾》，这些与延安有关的文艺作品，经久不衰地散发着思想和人性的光芒。

文化，也是一个民族的灵魂。

走进陕北，天空高远、湛蓝、透亮，没有一丝杂质，甚至没有一片白云。大地辽阔静谧，沟壑莽莽苍苍，石油管道排排行行。明亮的阳光，如水一般泼洒在无边无际的原野上。走在天地之间，有热辣辣的信天游陡然从原上响起，声音高亢、拔地通天、如泣如诉，让离开歌厅仿佛就不能唱歌的我们如痴如醉。

一个脸上布满沟壑的老汉，坐在自家土窑洞前，怡然安详地微笑着注视我们。

黄土地，是这样的雄浑而又多情。

天不语自高，地不语自厚。大哉，陕西；厚哉，陕北；伟哉，延安！

精彩赏析

作者以《走在天地间》为题，以陕西为主线，解构陕北前世今生波澜壮阔、浩浩荡荡的历史画面，条理清晰，一目了然。本文开篇，作者精心搜集、列举了陕西、古都西安无比辉煌灿烂的历史和杰出成就，紧紧抓住了读者的心，令人肃然起敬。随后，作者介绍了中国共产党人带领人民浴血奋战最终实现民族独立、国家富强、人民幸福的客观事实，并佐以延长油田开发、"信天游"延安文艺作品等现实，以饱满的热情点赞了陕西延长在中国石油行业、精神文化领域的开先河的作用，赞美了陕西人民淳朴善良的性格、坚毅韧性的品性和勤劳奋进的德行。本文语言精练，擅长引用、举例等手法，极具穿透力。

一条河，一座城

🌸 心灵寄语

> 中国的每一条河、每一座城都有着悠久而辉煌的历史。它们记录着独属中国的不一样的过去。

它地处中国大陆陆域版图的几何中心。它有着2200多年的悠久历史。它是古丝绸之路的重要交通枢纽。它是全国唯一一座黄河穿城而过的省会城市。它被誉为"黄河明珠"。它以人文荟萃闻名于世。源远流长的黄河文化、丝路文化、中原文化、西域文化、三秦文化、藏文化、游牧文化在这里交相辉映……

它的名字叫兰州。

兰州古代称金城，取"固若金汤，不可攻也"之意，黄河兰州段因而称为金城河。中华民族的母亲河——黄河，自西南向东北穿城而过，分出河西与河湟两个方向，扼控东西南北四个战略要地。黄河切割山岭，两侧山峦连绵，山静水动，刚柔并济。黄河天堑，加上两山对峙，成为金城天然的屏障，形成"固若金汤"的山河格局，使兰州躲过无数次战乱灾祸。

黄河是上天给兰州的赠礼，滋润着这片世界上最厚实的黄土高原。不记得哪位名人说过："每一座美丽的城市，都与一条伟大的河流有关。"人类文明依水而生,如黄河之于华夏、恒河之于印度、尼罗河之于埃及……金城河诠释着兰州的深沉与久远,更是兰州人的精神源泉与文化源流。

沿金城河两岸,是全国最长的市内滨河路——百里黄河风情线。和风丽日的早晨,我缓缓行走在这条宽阔笔直的观光长廊上,处处树木苍翠、绿草如茵、繁花似锦,有华美女高音在河畔飞翔,那是发自内心的盛世欢歌。百里黄河风情线融自然风光、人文胜迹于一体,历史与现实在这里神奇相遇,生态与文化在这里珠联璧合。

黄河风情线以百年黄河铁桥为中轴。从白塔山山顶俯瞰,铁桥横跨两岸,默默注视着历史的流淌。这座雄伟的大桥,是黄河上第一座桥梁,它结束了兰州人用羊皮筏子横渡黄河的历史,在中国桥梁建筑史上占有独特的地位。1942 年,为纪念孙中山先生,"天下黄河第一桥"改名为"中山桥"。百年回眸,这座黄河铁桥已成为兰州的建筑标本,成为兰州人心底的"情感徽标",承载着近代兰州城市文明之魂和工业文明之光。

东邻中山桥的水车博览园,荟萃十多架风格各异的巨轮水车,是世界上水车品种、数量最多的主题公园,妥妥的黄河风情线上的"网红打卡点",兰州因此成为世界之最的"水车之都"。巨轮水车起源于明朝,外形奇特、雄浑、粗犷,是黄河沿岸最古老的提灌工具,创始人正是水车广场的雕像——兰州人段续。高高耸立的水车,散落于黄河两岸,是兰州独特的人文胜景;悠悠转动的水车,"吱呀吱呀"地吟唱着,蜚声祖国大江南北。

"古老的水车悠悠转,羊皮筏子赛军舰,吉祥葫芦牛肉面,还有百合与洮砚。"这是人们关于兰州的旧时记忆,现如今,风靡全国的西北民谣、经久不衰的民族舞剧《丝路花雨》、中国期刊《读者》……都为兰州增添了卓尔不凡的文化气质。文化一直滋养着兰州,文化传统从未在此中断,金城曾因文化而盛,兰州更因文化而兴。

水车博览园内,有一座造型奇巧的桥梁:兰州握桥。巨木由两岸向河心错落前伸,层层递出,节节相衔,从而使桥梁呈穹隆之弓形;桥面上有拱廊可避风雨,桥两端各有翼亭,似两拳紧握。兰州握桥为昔日"兰州八景"之一,即文人墨客笔下的"虹桥春涨",万里黄河千古流,山河大地响彻历史的回声。

兰州不只有"黄河第一桥",也有"黄河第一楼"。隋唐时期,朝廷对金城青睐有加,这在"金城""兰州"间不断变换的称谓上可觑端倪,那时候的金城或兰州黄河边上,矗立着一座雄伟壮观的黄河楼。它留给历史的背影,有被后世并称为"高岑"的唐朝边塞大诗人的诗词为证:"古戍依重险,高楼见五凉。山根盘驿道,河水浸城墙。庭树巢鹦鹉,园花隐麝香。忽如江浦上,忆作捕鱼郎。"(岑参《题金城临河驿楼》)"北楼西望满晴空,积水连山胜画中。湍上急流声若箭,城头残月势如弓。垂竿已羡磻溪老,体道犹思塞上翁。为问边庭更何事,至今羌笛怨无穷。"(高适《金城北楼》)诗歌是时代的脉搏,有时诗人比史家更能真实地记录风物;世事流转如黄河之水,"高岑"的杰作却不曾失去光辉。历史的长河奔流不息,毁于清朝的黄河楼在当今"金身重塑"。毗邻兰州老街重建的黄河楼,是黄河岸边的新看点,是兰州黄河景观的地标性建筑,也是领略和弘扬黄河文化的好去处。它为金城河立传,诉说着兰州的古往今来。

明代以前,兰州的主要城市功能是渡口、交通孔道和军事重镇。西汉武帝时期,金城河畔、白塔山下的金城关,以久远的历史、重要的地位载入史籍,它不仅是金城四大渡口之一,也是中西交通大道上的重要关隘,贩夫走卒、丝路商贾、驿吏僧侣等在此穿梭奔走,川流不息，"少年战神"霍去病、"丝绸之路的开拓者"张骞都从这儿策马而过，后来出塞和亲的"落雁"王昭君、西天取经历尽劫难的唐玄奘也在此渡河西去。岁月沧桑换了人间，但金城关没有被淹没在历史的大潮中，如今在其原址修建起来的金城关文化博览园区仿古建筑群，让人们在雕梁画栋间穿越到从前。园区内还有兰州彩陶馆、秦腔博物馆、兰州文化体验馆、黄河桥梁博物馆、非物质文化遗产陈列馆等，都恰到好处地点缀其中。它们集萃地方特色文化，重现丝路重镇风采，接续兰州历史文脉，承载兰州厚重的历史文化。

阳光映照得河水流光跃金，远山飘逸着洁白的云朵，高高挺拔的兰州"市树"国槐，张扬着它们的美丽和骄傲。白云观、丝路古道、兰州碑林、平沙落雁、银滩湿地，黄河音乐喷泉、东湖音乐喷泉、亲水平台、近水广场、人与自然广场，还有黄河母亲雕塑、寓言城雕、绿色希望雕塑、西游记雕塑、筏客搏浪雕塑、平沙落雁雕塑、"生命之源"水景雕塑、伏羲女娲汉白玉雕塑，以及西园、春园、夏园、秋园、冬园、龙源园、市民公园、百合公园、雁滩公园、体育公园、绿色公园、白塔山公园、西部欢乐园、廉政主题公园、徐家山森林公园、霍去病主题公园、滩尖子湿地公园……无数景点星罗棋布于金城河两岸，共同组成黄河之滨宏大的交响。

我轻声哼着老歌，"我要把这美丽的景色看个够啊"，在秋阳下、黄河风情线上慢悠悠地走着、看着。

金城，亘古奔流的黄河；兰州，千年沧桑的古城。当古老深远的黄河文明焕发出新的生机，当一个上升的民族面对"百年未有之大变局"，兰州也展开了新的梦想，积攒着新的力量，在新时代的新征程上踏浪而行、一往无前，为祖国大西北书写新的辉煌。

精彩
— 赏析 —

　　作者开篇介绍一座城市不仅有 2200 多年辉煌的历史，而且是古丝绸之路的重要交通枢纽等，引发读者好奇心，激发读者的兴趣。接着，作者叙写了中华民族的母亲河——黄河对兰州城建城、发展、躲避战火、滋润土地的重要作用，列举金城楼、黄河楼、金城关等历史名胜古迹，证明了兰州城在古代的巨大作用。本文还引用了唐朝边塞诗人高适的《金城北楼》和岑参的《题金城临河驿楼》这两首名诗，诉说着兰州城辉煌的历史；列举了著名军神霍去病、"丝绸之路的开拓者"张骞、西天取经的唐玄奘、四大美女之一的王昭君，证明兰州丰富的历史文化精神。散文结尾，作者以兰州城面临的"百年未有之大变局"点题，突出了兰州古城在新时代下发展的机遇，既交代了兰州城精彩的过去，又升华了文章的主旨，相得益彰。

最高的诗意

> 文化是城市经济社会发展的深厚底蕴，一座城市的开发、建设、发展必然有着有力的文化支撑。

"鲸波接天，浩浩无涯"的海洋，覆盖着地球表面四分之三的领土，在太空转动的地球，因之散发着蔚蓝色的光芒。海洋是世界上所有生物的发源地，"一切生命都是从海里诞生的，当然人类也不例外"，宇宙学家、天文学家卡尔·萨根博士如此推论。大海是人类永远的家园，浩瀚的海洋壮大了人们的梦想：当今世界，谁拥有海洋，谁就拥有未来。为打造新的经济增长极，人类将目光由有限的陆地转向无垠的海洋。

以经济发展战略眼光来看，天津东部沿海地区处于环渤海经济圈核心地带，集聚"海、陆、空"交通网络，具有绝佳区位优势。万物有时，它终于迎来了历史机遇——1984年，天津经济技术开发区作为第一批国家级经济技术开发区，率先在天津东部沿海的盐碱荒滩建立；1994年3月，天津市决定在天津经济技术开发区、天津港保税区的基础上建成第一个国家综合改革创新区：滨海新区；2005年，滨海新区成为国家重点支持开发开放的国

91

家级新区；2014 年 12 月 12 日，滨海新区成为中国北方第一个自贸区。

"不谋万世者，不足以谋一域；不谋全局者，不足以谋一时。"决策者的高瞻远瞩，决定了滨海新区开发、建设、发展的大格局。

"政治路线确定以后，干部是决定一切的因素"，这是毛泽东主席做出的规律性论断。"敢为天下先"需要胆识、魄力、勇气，滨海新区的开发建设考验领导干部的意志力、执行力和管理艺术。在盐碱荒滩建城，是创业者遇到的第一大课题，他们硬是把这"难啃的骨头"给啃下了。

一座民丰物茂的滨海新城，在渤海之滨拔地而起；一个繁荣昌盛的自贸区，在环渤海经济圈中心地带昂然"雄起"；一块推进改革的战略高地，在华北平原北部强势崛起。它是绿色生态之城，是智慧创新之城，是前沿开放之城，也是实现梦想之城。

生态，才是永恒的良性经济；创新，才有不竭的发展动力。滨海新区拥有水面、湿地 700 多平方公里，共有两个自然保护区：天津古海岸与湿地国家级自然保护区、天津市北大港湿地自然保护区。良好的生态环境与创新的活力机制，成为滨海新区招徕国内外大机构、大企业落户的金字招牌。

文化是一个城市的灵魂。只有注入文化，才能打造出有灵魂的城市，才能提升城市的品质，城市经济才能持续不断发展。在政治情怀、社会情怀、文化情怀的驱使下，决策层和管理者全力将滨海新区建造成"中国经济的第三增长极"。

凉风送爽的金秋时节，我来到天蓝海碧的滨海新区。特殊、重要的地理位置，错综复杂的历史渊源，造就着这座既古老又年轻的城市。众多河流从这里注入渤海，其中包括古老的海河。海河，连接着运河与海洋，宋朝名"界河"，金、元时改称"直沽河、大沽河"，明末清初才得现名。名称的变迁诠释着华北地区最大水系的深沉与久远。隶属于滨海新区的塘沽地跨海河两岸，历史上一直划河分治，海河南北两岸至今遗存大沽口炮台——南虎门、北大沽，素称"津门之屏"，是中国近代史上两座重要的海防屏障。

从天津新地标"津沽棒"启程，步行半小时就到了国家海洋博物馆，它是中国唯一的综合性海洋博物馆。相隔不远，是北方唯一的航母主题公园，以"基辅"号航母旅游资源为主体，以娱乐性军事活动为主题，将娱乐活动与国防教育相结合。滨海新区公共图书馆，造型是一只美丽的大眼睛，充满浪漫感；顶部采用梯田式拱顶，充满曲线感；台阶式书架层层叠叠，如碧波荡漾，让人好似置身于"知识的海洋"，充满未来感。这个"网红"图书馆的设计，展现出大意象、大手笔的美学特征，新奇而诗意。

"最高的诗意就是在现实的基础上建立一个新世界"，德国哲学家狄尔泰这句妙语，仿佛就是为滨海新区量身打造的。

天地之间，万物祥和。我抬起头仰望天空，天际线退得很远很远，橘红色的太阳高挂苍穹；阳光穿越云朵的缝隙，把壮阔的大海照耀得璀璨无比；湛蓝的海水波光粼粼，散发着迷人的光芒。

精彩
— 赏析 ——

　　什么是最高的诗意？作者开篇引述宇宙学家、天文学家卡尔·萨根博士有关海洋与人类活动关系的推论，突出人类建设美好家园、追求美好生活的愿望，以此点题；然后列举了天津滨海新区的建设发展历程，强调了中华民族伟大复兴的壮举。本文从文化和历史的角度，运用了比喻的修辞手法和举例子的写作方法，高度肯定了天津滨海新区建设者的政治情怀、社会情怀、文化情怀。作者还穿插了较多的景色描写，一方面展示了天津建筑的美学特征，另一方面预示了天津滨海新区的发展机遇，与文章的开头遥相呼应，气势恢宏，大气磅礴，进一步升华文章"最高诗意"的主旨，令人振奋。

大河家

🌸 心灵寄语

大河家历史悠久，又神奇雄伟，有着独特的风情与精神。

　　我是被张承志先生的神来之作《大河家》引诱而来。

　　大河家，因黄河古称（大河）得名，因大禹治水闻名。"大""河""家"，这三个字组合到一起，便有了特别的韵致，风华从朴实中出来。

　　到达大河家时，已暮色四合。街道越来越空旷安静，偶有成群骡马悠悠然走过。广场上，三三两两的人在惬意地散步，一群女人伴着优美的花儿在欢快地跳舞。

　　是夜，我宿在黄河边的旅馆。

　　凌晨四点多，一阵高亢的唤礼声凌空骤起，我猛然惊醒。屏息聆听，天地间却已复归万籁俱寂。过了几分钟，清真寺的邦克声再度高扬，紧接着，鸡鸣狗吠，然后，天地间又是无比宁静，我听得见自己的心跳。

　　一种极致的美，带着不可言说的神秘，直抵我灵魂深处。这样奇妙的遭遇，于我是平生第一次。我激动不已，拉开窗帘往外看，只见远处灯光若明若暗。

再难入眠。天刚亮，我迫不及待出门。

站在大河家大桥上，不见"黄河之水天上来"，不闻"风在吼，马在叫，黄河在咆哮"，四周回荡着微风，清澈的黄河水波澜不惊地从我脚下流过。一路狂欢奔腾的黄河，冲出积石关后，立马收敛起野性，变得波平浪静，使大河家得水藏风。

积石关为古二十四关之首，关内"积石神功"为河州八景之首。积石峡两山对峙、隐天蔽日、峭壁千仞。在史书上，"积石雄关"是一个不可忽视的地理名词，许多古代大才子为之留下名篇。《黄河赋》极尽赞美："览百川之洪壮兮，莫尚美于黄河；潜昆仑之峻极兮，出积石之嵯峨。"解缙《题积石》云："双峡中分天际开，黄河拥雪排空来。奔流直下五千丈，怒涛终古轰春雷。"李玑写道："地险天成第一关，岿然积石出群山；登临慨想神人泽，不尽东流日夜潺。"刘卓在《题积石》中如此描述："美哉，山河之固，金城形胜，莫有过此者，皆大禹圣人神功也！"

积石关是大禹治水的源头。据《尚书·禹贡》记载，大禹治水，"导河积石，至于龙门……入于海"。稀世珍宝青铜器"遂公盨"上的铭文，记载了三代传说中有关大禹治水的史事。"禹"是夏王朝的奠基人，没有大禹便没有大禹之子启创建的夏，更没有"华夏"之说。

大河家，是华夏文明最重要的发祥地之一。

在大河家，一河分两省，一镇连五县，一桥联五族。大河南北两岸，也正是黄土高原与青藏高原的分界。隔河相望，对面是积石山脉分水岭，黄河水贴着山根流淌，青海省民和县官亭古镇就在百米之外——古有"官亭伺候"之说，迎送地方官吏都在此地。顺河眺望，不远处是古丝绸之路之要冲：临津古渡。千百年来，积石关前的大河家渡口，以水运沟通着陆运，以中原沟通着西域，以中国沟通着中南亚，边将戍卒、商贾行人络绎不绝，张骞、隋炀帝、成吉思汗……都曾在此地渡过黄河。王震大军从临津古渡强渡黄河挺进青海，载入了中国红色革命史。

眼前的临津渡口，萧索、静默，只有遗存于黄河岸边的两墩石锁，以及孤零斜吊于河面的一条铁索，见证着大河家的今昔。

大河家是保安族聚居地。保安腰刀，是保安族的民族瑰宝，曾是"西北王"马步芳部的主要装备，其制作工艺被列入国家首批非遗名录。保安腰刀的鼎盛时期，大河家的一个村庄就有数百名工匠。

进到一家保安腰刀门店，当琳琅满目的腰刀映入眼帘，恍然间，我仿佛穿越到了冷兵器时代。

折花刀是保安腰刀中的珍品，它极其精美锋利，造型优美线条明快，工艺独成一体，优美的花纹让我想起大河家大桥下碧波荡漾的黄河水。在我看来，藏刀刚猛却失之粗犷，蒙刀彪悍但太过霸气，英吉沙小刀锋利而偏于精巧，只有眼前的保安腰刀，璀璨夺目又简洁大气，英气逼人又质朴低调，与大西北风土民情相吻合，极具王者风范，或许，这也是周总理曾将它作为国礼赠送外宾的缘故吧。

我定制了一大一小两把折花刀，大的要求刀面上刻七颗星，小的要求刀面上刻五朵梅。我极其耐心地守候着，看着刀匠备料、"炒铁"、锻铸、锻打、折花、淬火、煮刀……在顶级刀匠眼里，腰刀有生命有灵魂，刀道如人生，须得千锤百炼方成大器。

回到车上，有人吟唱起花儿："什杨锦把子的钢刀子，银子（拉）

包哈（下）的鞘子，青铜打哈（下）的尕镊子，红丝线绾哈（下）的穗子。"赞保安腰刀呢，真是好听。全车人都闹着"再来一个！再来一个！"他拗不过，唱起一首更为古老的大河家花儿："大河家里街道牛拉车，车拉了搭桥的板了；你把阿哥的心拉热，拉热者你不管了。"唱的是大河家昔日的繁华景象，好听极了。

腰刀、花儿，英雄主义与浪漫主义总是气息相通。

大河家神奇雄伟，大河家风情万种。

精彩
—赏析—

本篇文章讲述了作者来大河家旅行的所见所闻与所感。作者运用景色描写，描绘了大河家外黄河的美景，同时引用解缙、刘卓的《题积石》诗句，对大禹治水的盖世神功大加赞赏，开启下文。紧接着，作者又回忆边将戍卒、商贾行人络绎不绝，张骞、隋炀帝、成吉思汗、王震大军从临津古渡强渡黄河挺进青海，之后又写到购买大河家文化瑰宝保安腰刀的经历，由远到近，由历史到现实，突出大河家的特点，写出了黄河和大河家百姓之间的密切关系，展示了作者思想深沉、情感饱满的特点。

_____

大好合山

🌸 **心灵寄语**

远离尘世的喧嚣，来到既有"光热城"之称，又如世外桃源般的合山，踩着青石板，悠闲地漫步，尽享合山的风采。

从南宁到合山，坐汽车全程 150 公里，一路"远山如黛，近水含烟"，让我目不暇接，以为到了"山水甲天下"的桂林。进入古属南越国的合山境内，就像走进了一首简素清新的诗歌：清澈湛蓝的天空、沁人心脾的空气、枝繁叶茂的树木、百卉含英的花草、带着花生奶糖味道的阳光……市郊是连片的美丽田野，五谷为之着色！

入夜，下榻的市委招待所万籁俱寂。"相与步于中庭。庭下如积水空明，水中藻、荇交横，盖竹柏影也。"真切体验了一把东坡之意趣。

一觉睡到太阳高照，这样安宁的睡眠，久违了。窗外花影摇曳，鸟鸣蝉噪，真美，真好。

时任合山市委书记莫莲酷爱文学，听说一干"著名作家"来了，立刻放下手头事务，匆匆赶了过来。女书记性格豪爽，笑语朗朗，一会儿念诗，一会儿唱歌，一会儿展示她的民族服美照，兴致勃勃地当着我们的向导。

探访合山小城，最好的出发点是红河公园。"气象万千红水河，山光水色休闲地"，亲身实地领略，便知所言非虚。充满着神秘感的红水河，自西向南绕市而过。红水河鱼品种多样品质上乘，据说每天垂钓者甚多，不过我们到达河岸时，只看到长长一排钓鱼竿，至少有30根吧，不知道"姜太公"们躲哪儿凉快去了。在水一方，没看见佳人，倒有一个壮汉在给爱犬洗澡。身形高大的狗狗似乎非常受用，一直咧着嘴冲来人傻笑，惹得大家争先恐后围上去拍照。他们大概见得多了，淡定得很。

红水河沿岸码头与公路连接，一年四季将丰富的水产品从合山往外运。最受欢迎的"水产品"是马安奇石，它主要产自红水河马安村河段，为合山独有的奇石品种，包括彩陶石、壮锦石、化石等10多种，色彩斑斓、石质上佳、形神皆备，无须打磨、雕琢、粉饰，是妙境天成的艺术品，具有很高的鉴赏及收藏价值。

这是大自然对合山的慷慨，是造物主对壮乡的馈赠。

作为"中国观赏石之乡"，合山自然少不了一座"奇石博物馆"。馆内收藏各类奇石500多件，以彩陶石为主，马安奇石是镇馆之宝。"天下奇石在柳州，柳州奇石看合山"，合山奇石共有30多个品种，都很受藏石者喜爱。其中，绿彩陶、葫芦石、鸳鸯石、黄釉石、卷纹石更是质地细腻、色彩艳丽、鬼斧神工，被誉为合山"五大名石"，它们美不胜收，盛名在外，最名贵者一块价值千万，吸引着天下爱石者纷至沓来。

合山奇石被发掘尚不足30年，却颠覆了中国千年来的赏石观念：古典赏石通常以太湖石、灵璧石、英石、昆石四大名石为代表，以北宋大书画家米芾提出的"瘦、皱、漏、透"相石四法为准则，而由于合山奇石的横空出世，马安奇石等成为爱石者的新宠和首选，赏石标准也转换为"形、质、色、纹、韵"。瑰丽的合山奇石，使赏石领域出现一片新气象。

合山之石，可以攻玉。

精美的石头会勾魂，把我和秋子姐迷得魂不守舍。午饭后，我俩迫不及待奔向街市。合山新民谚道："一条街道，两排大树，三个乡镇，四家班子……"在合山这"一条街道"上，奇石店铺店挨店铺对铺，可谓鳞次栉比。有意思的是，店主都是须眉粗汉，没有见到一个蛾眉娇娘。店主们个个好脾气高素质，对我们的横挑竖拣很耐心，对我们的吹毛求疵不恼火，对我们的"一毛不拔"也保持风度。不仅如此，店主对我们提出的各种要求，如果自家店里满足不了，还会善意无私地推荐别家。我和秋子姐走了一家又一家，看了一屋又一屋，翻了一堆又一堆，淘了一遍又一遍。最终，我将云根吉象、梅花图案的绿彩陶，"千里江山图"的卷纹石，"云想衣裳花想容"的黄釉石……尽入囊中。我不以升值为目的，出手全凭感觉，无论品种、大小，不管皮色、贵贱，入眼就好，有缘就收。不只是喜爱，还图个吉利，古人言"居无石不安，斋无石不雅"嘛。秋子姐买得更多，大大小小、花花绿绿的，大概有几十公斤。她本就是有备而来，不久便有奇遇，入手一块价值不菲的美石——观音菩萨天然成像的鸳鸯绿彩陶，她心满意足，我羡慕嫉妒。开会时间到了，我俩意犹未尽，最后只好狂奔回去。晚上休闲时间，我俩一刻也不愿耽误，拽着大石和小石，扯着阿文和阿民，急火火往石头店里跑。本地人小石是石头迷，也是行家，乐此不疲，早有斩获。我挑选出来的一块"满天星"图案化石，被阿文横刀夺爱，他当即掏出现钞，先下手为强，恨得我牙根直痒痒。大石却眨眼间就溜了，还拐跑了阿民。晚上十点半，街店要打烊了，我们也满载而归。路上，我忍不住感叹："这些奇石多美呀，大石怎么就不动心呢？亏得他还姓石呢。""哎，还真是的，"秋子姐说，"除了工作，他好像对什么都不感兴趣，也从来没见过他凝视哪个美女……"背后有响动，我俩一回头，都吓了一跳，大石不知从哪儿冒了出来，刚才的话全听了去，但依然不动声色。

是夜，将宝贝们安放枕边，看了又看，摸了又摸，然后，又睡了一个美美的好觉。

马安奇石"出水"时间短，合山煤炭出土历史则已逾百年。故乡是"江南煤都"，因而我对"广西煤都"合山，比旁人更多出几分别样的感情。始采于清光绪年间的合山煤矿，曾经的中南五省第一大矿——东矿，如今华丽转身为"广西合山国家矿山公园"。传输煤块的地下通道、采挖煤石的矿井洞穴、运送煤炭的斑驳铁轨、刻满时代印记的低矮煤楼……无声诉说着岁月沧桑，使我生出几丝惆怅。创意火车餐厅侧畔的巨幅墙画和大型浮雕，生动地展现出热火朝天的煤矿生产场景；采矿工艺和绘画艺术的完美结合，让合山这个昔日的"光热城"光芒重现，亦让我惊艳。

骑行铁路是这个矿山公园的精髓。来合铁路是广西的第一条铁路，于1935年在李宗仁支持下兴建，1938年12月建成通车，它对于合山成为祖国西南地区重要煤炭基地、广西最大的能源基地，起到了举足轻重的作用。随着废弃煤矿变身美丽公园，东矿至柳矿铁路线被打造成观光铁路——中国第一条骑行铁路。这条观光铁路，还有一个诗意的名称：十里花廊。这是我第一次见识"铁路自行车"——四个轮子在铁轨上跑的"自行车"，其实它的外形更像没有架设炮筒的坦克。四人座的铁路自行车，前排坐两个司机，后座两个乘客，车身两侧安装着脚踏板链条，链条转动驱使"自行车"前进。它起源于美国西部，在中国尚属新生事物。我们呼朋唤友，纷纷招兵买马；人马欢腾，车轮滚滚。这车前后左右没有遮挡，视野开阔，绝对拉风，坐上它确实有西部牛仔之感。相形之下，阿里山森林小火车弱爆了。

我觉得"十里花廊"不如"十里画廊"贴切，尽管沿途一簇簇野花摇曳生姿。观光铁路四周，风景全是纯天然的，没有那些无聊的人造景观来大煞风景，让人心旷神怡：一丛丛灌木，一条条小溪，一片片玉米地，一排排桉树——高高挺拔的小叶桉树，张扬着它们的美丽和骄傲；树木、花丛、玉米地深处，一栋栋民居若隐若现……而穿过七色彩虹桥时，仿佛驶入了一个童话世界。

除了老凡、大黄两个"胖乎乎的地主老爷"，一直摇头晃脑地享受着别人的"伺候"，其他人全都抢着当司机，比赛谁踩得更快。车也给力，最高时速能达到30公里。我发现这车蹬起来很轻松，操作非常简单，一点儿也不需要特殊技能，便把坐在前排的鲁若拽下来，神气活现地坐了上去。微风拂面，感觉妙不可言；笑声不绝，顺着铁轨流淌。而且，车身的前后还安装了缓冲器，"驾驶舱"有脚踏刹车，"乘客舱"有手动刹车，在多重安全装置保护下，是不会轻易发生安全事故的。一路高歌到达终点，我跳下车，举起手机对着流动车龙拍照，只见为首的"龙头"上，大石像踩着风火轮的哪吒，风驰电掣奔腾过来，笑得一派天真烂漫。

这还是平日里那个不苟言笑的大石吗？我几乎不敢相信自己的眼睛。"人是环境的产物"，看来真是至理名言啊。

合山煤矿职工居住区，距国家矿山公园大约10公里。别具一格的老屋，南北通透的方窗，高低错落的台阶，花红柳绿的庭院，爬满藤蔓的围墙，丰收喜人的果园菜地，懒洋洋晒太阳的花猫，眼皮半睁不睁的看家狗，三五成群抢虫子吃的走地鸡……都那么具有年代感，都那么充满家的气息，都那么拨动着我的心弦，都那么让我恋恋不舍。

隐约听得"向导"莫莲书记在不远处说，市旅游部门正在积极招商引资，想把这个里兰小区改造成独树一帜的文艺村。我赶紧跑过去，一边跑一边喊："我预订一套，一定要给我预留一个小院啊，太有感觉了！"

矿山的历史与现实，也是合山的困难与希望。我相信，困难是暂时的，希望就像早上八九点钟的太阳。

转个弯，100多米处，就是自由农贸市场，摊子上的蔬菜瓜果，都是老百姓自家种植的有机作物。红艳艳、甜滋滋的新鲜荔枝，5元钱能买一大袋。生活在合山，该是多么的惬意、滋润啊。

夕阳余晖，彩霞满天，映照得红水河浮光跃金；晚风徐徐，送来阵阵花香，劳作之余的人们踩着青石板，悠闲地漫步于红水河畔。

"这个欢快又务实的小城，从此以后，就不再需要作家了，它在等待着游客。"加缪对北非奥兰的颂扬，正是我对美好合山的祝福。

精彩
—**赏**析—

　　作者采用移步换景的写作手法，引领读者跟随自己的脚步，观赏合山的优美风景，追逐合山的奇石，感受在合山骑行的乐趣，感叹合山丰富的煤矿资源……文章既表现了对闲适生活的眷恋和向往，也表达了作者对聪明智慧的合山人民的赞叹和敬佩之情，以及对祖国大好河山和美好生活的热爱。文章首段运用环境描写，将合山描绘得如仙境一般，表达作者对合山的热爱之情，同时引出下文游览红河公园。接着，文章重点讲述大自然对合山的两大馈赠：一是合山奇石，一是煤矿资源。天下奇石在柳州，柳州奇石看合山。合山奇石是大自然对合山的慷慨，是造物主对壮乡的馈赠，并简要指出"五大名石"——绿彩陶、葫芦石、鸳鸯石、黄釉石、卷纹石的特点。紧接着，由奇石又过渡到大自然的又一馈赠——煤矿。废旧的矿坑经过劳动人民的智慧变成了美丽的矿山公园，不但变废为宝，还给人们带来了无尽的乐趣。放眼恬静舒适的乡村生活，作者满怀羡慕和向往。

▶预测演练二

1.阅读《汉之玉》，回答下列问题。（6分）

（1）请结合文章内容说说"玉"文化的内涵。（3分）

_____

_____

（2）请阐述玉对人提升素质和修养的作用。（3分）

_____

_____

2.阅读《走在天地间》，回答下列问题。（12分）

（1）阅读全文，简要概括文章详细讲述了陕西的哪些内容。（3分）

_____

_____

（2）如何理解文中"延长石油生产出与'洋油'媲美的灯油，开创了中国石油加工的历史先河"这句话？（3分）

_____

_____

（3）为什么说石油是现代工业的血液？（3分）

_____

_____

（4）阅读全文，概述文章主要表达的内容和思想。（3分）

_____

_____

_____

3. 写作训练。（60分）

　　"国之大事，在祀与戎。"对古代君王来说，祭祀非常重要，关系到国运和国事，否则何以"奉天承运"，何以"推天道以明人事"。在石峁古城外，有一座同时期的祭坛遗址，是上下三层结构的建筑群，表明4000年前黄河中游地区（尤其是晋陕高原）古代中国人的社会结构及其宗教、文化等文明要素已经十分发达。

要求：请结合材料，分析要素，题目自拟，不少于800字。

塔　畈

❀ **心灵寄语**

> 人人向往与世无争的世外桃源生活，醉心"芳草鲜美，落英缤纷"的美景。

大别山的秋天到了，原野色彩斑斓，山峦层林尽染。

这是我第一次走进大别山，来到古皖国封地潜山。潜山古称皖山，潜水古称皖水，潜城古称皖城——安徽简称"皖"即源于此。作为先秦时期就有人类活动的历史文化名城，潜山有着数不清的辉煌历史与灿烂文化，素有"皖国古都、二乔故里、安徽之源、京剧之祖、黄梅之乡"的美誉。而我最感兴趣的是王安石、苏东坡曾在此任职为官，印象最深刻的是他们为潜山写下的诗句："野性堪如此，潜山归去来"（王安石）、"少年相别老相逢，月满潜山照肺胸"（苏轼）。

事实上，我并未在潜山市区驻足，连就在眼前的天柱山也未能亲近。在淅淅沥沥的小雨中，我们一行人径直奔向了大别山腹地的塔畈乡。塔畈，这个别致的名称，得于山中田畈有座"大圣塔"。塔畈地势藏风聚气，为板仓、万佛湖、天柱山环抱，山水交汇之处冈岭四合。因四周群山如龙腾云天，在久远的古代，塔畈被称为龙山。

雨后的塔畈，满目青翠欲滴，空气格外清新。塔畈真是一个美丽的乡村：田野阡陌纵横，村庄屋舍俨然，民居白墙黑瓦，小桥流水人家。虽"芳草鲜美，落英缤纷"，但塔畈并非"不知有汉，无论魏晋"的桃花源，生活在 21 世纪，塔畈人很有经济头脑。塔畈有一个专售菖蒲的迷你市场，让我对这儿的乡民刮目相看。菖蒲是中国传统文化中的灵草，被文人视为"花草四雅之一"，被当成书房清供上品，端午节则家家户户门插菖蒲以驱邪防疫。塔畈人品味不俗。

塔畈早已进入信息时代。塔畈乡"玺承电商产业园"内，手机壳等各种数码产品，分门别类地挂满了货架，款式新颖，琳琅满目。杏花村人张祖星，原本在省城合肥生意做得风生水起，为报效乡梓，毅然将公司搬迁至塔畈村，很快吸纳 20 多家电商入驻，带动周边村民就业，助力山乡脱贫致富。曾任天水市委常委、副市长的作家李晓东，总是一副使命在肩的模样，在风光绝美的塔畈板仓省级自然保护区，在这片有着野生珍稀动植物金钱豹、金钱松的华东秘境中，一边气喘吁吁登山，一边向塔畈乡领导献计献策：利用手机配件，打造"塔畈手信"……

杏花村与塔畈村相邻，穿流塔畈乡的塔畈河、彭家河，就在杏花村汇聚。在塔畈河畔，一个外形似老农气质却儒雅的大汉，对我们的领队左瞅右瞅，欲言又止，把这位一向超逸洒脱的沪上名流看得很不自在。过了一会儿，两人几乎同时喊了起来："韩可胜！""储张杰！"原来两人是潜山野寨中学同窗，失联 40 年后竟在故土重逢，引发一片欢呼连同唏嘘。这还能不喝上几杯？酒酣耳热之际，两人互揭老底，你说我暗恋校花，我说你痴迷班花……在大家的哄笑中，央视《味道》栏目组到来，"农家乐"里更加热闹。《味道》栏目组专为"塔畈石斑鱼"而来。此鱼学名光唇鱼，只有一根手指粗，肉质细腻鲜美无比，韩可胜先生大呼"人间至味"，可惜只能野生野长于塔畈。为造福家乡也造福食客，浙江海洋大学水产养殖系储张杰教授返乡创业，带领一群自己栽培的硕士生扎根于塔畈，历经数载，寒来暑去，终于攻克渔业科技领域的"哥德巴赫猜想"难题，人工繁殖出强农富渔的大别山光唇鱼（即"塔畈石斑鱼"），并在乡间展开实地教学，"把论文写在田野大地上"。塔畈河连接着外部世界，向长三角输送着蓬勃生机。

在潜山市地图上，塔畈状如一枚茗叶。塔畈正是中国名茶之乡。潜山种茶历史悠久，潜山茶叶色绿形美、香郁味醇。自北宋沈括始，几乎历朝历代都有赞美潜山茶的诗词。现如今，"彭河牌""天柱仙芽""天柱剑毫""天柱毛毛月"等系列茗茶香飘万家。塔畈茶更是名声在外，北宋乐史《太平寰宇记》记载其为贡品，清代文人罗庄著诗赞其"山茶风味犹堪夸"。无论时光如何流传，无论朝代怎样更替，一年又一年，塔畈茶花如期绽放，一代又一代，塔畈茶人守望家园。一座座美人髻般的茶园，一圈圈五线谱般的茶垄，造就茶博会金奖产品"塔畈"牌白茶，造就远近闻名的"生态茶乡"……塔畈人借自然之手、洒辛勤汗水，建造自己的美好家园，创造自己的幸福生活。

精彩
—**赏**析—

　　大别山，位于安徽省、湖北省、河南省的交界处，作者以走进大别山开篇，引出古皖国封地——潜山，并通过简洁的语言，概述了潜山是历史文化名城，有着辉煌的历史和灿烂的文化。紧接着，作者又借用"并未在潜山市区驻足"，转移话题，引出故事主要对象——塔畈。文章层层递进，逐步引出故事主要对象，使故事衔接、叙述更加自然。待文章明确故事对象后，分别从雨后、信息科技、河流、特色美食、茶叶等方面较为详细地介绍了充满活力、极具文化气息的塔畈。描写雨后塔畈时，文章引用了东晋诗人陶渊明的《桃花源记》名句"芳草鲜美，落英缤纷""不知有汉，无论魏晋"，刻画了恬静温馨、宁静素雅和地理位置卓越的塔畈，为下文的展开埋下伏笔；描写塔畈的信息技术时，文中列举了塔畈企业家张祖星等带领乡亲脱贫致富的先进事迹；描写塔畈的茶叶时，文中引用诗句，并运用比喻的修辞手法，刻画了塔畈茶叶之乡的美誉。

花开毕节

🌸 **心灵寄语**

使用双手和头脑的是舵手，使用双手、头脑和智慧的是艺术家，使用双手、头脑、智慧和审美的才是花间大师。

冬去春又来。

沐浴着早春的阳光，大地万物复苏，贵州毕节的杜鹃花开了，一团团、一簇簇、一枝枝、一片片，绵延起伏 100 多平方公里。

毕节"百里杜鹃"，是一个杜鹃王国，是一条"地球彩带"，是一片杜鹃花的海洋，是地球上最大的天然花园和原始杜鹃林带，是绝无仅有的杜鹃花国家森林公园。树龄千年的杜鹃花王，是世界上最大的杜鹃花树，繁花万朵独树成春，花朵颜色各不相同。"闲折两枝持在手，细看不似人间有。花中此物似西施，芙蓉芍药皆嫫母……"自古至今赞美杜鹃花的诗篇不计其数，白居易这几句最得我心。

你以为只有杜鹃花吗？

桃花、梨花、茶花、海棠、紫荆……次第绽放，蓬勃恣肆；斑斓若繁锦，灿烂如云霞。"桃花浅深处，似匀深浅妆"，"冷艳全欺雪，余香乍入衣"（咏梨花），"翠翼高攒叶，朱缨澹拂花"（咏茶花），"秾丽最宜新著雨，娇饶全在欲开时"（咏海棠），"疏枝坚瘦骨为皮，忽迸红英簇紫蕤"（咏紫荆）……姹紫嫣红，百媚千娇。

花开遍野，是毕节迎接春天的方式。

纳雍县百兴镇纳雍河库区，千亩油菜花一望无际，浓烈的鲜黄铺天盖地，怡人花香和着泥土气息，弥漫于山间、田园、村舍。"儿童急走追黄蝶，飞入菜花无处寻"，嬉戏逐闹的孩童，在我眼前再现杨万里笔下的迷人情景。

国家一级保护植物珙桐，因花开时宛如白鸽飞天，又得名"鸽子花"。它躲过第四纪冰川覆盖，穿越千万年时空，独独钟情于九州中华。纳雍是世界上光叶珙桐分布面积最大的地区，7000多公顷、近百万株珙桐，使纳雍成为"中国珙桐之乡"。

石板河村近3000亩"布朗李"，也成为纳雍市民踏青、赏花的好去处。布朗李又名玉梅，素洁脱俗的玉梅花，单挂枝头显得有些孤高，当密密麻麻繁茂成片时，就像洁白的云朵飞上枝头，明亮灿烂着整个乡村。

素有"纳雍北大门"之称的厍东关乡，享有"玛瑙红樱桃之乡"美誉。厍东关乡种植了3万多亩玛瑙红樱桃，每到春季，花骨朵缀满枝丫含苞待放，3万多亩樱花怒放，那是一场多么盛大的花事！樱桃成熟期间，3万多亩晶莹剔透酷似红玛瑙的红樱桃，又是多么壮美的一片风景！"小樱桃、大产业"，助推厍东关乡群众脱贫致富。

"林花谢了春红，太匆匆……"不，在毕节，你不会伤春悲秋的，无论何时何地，都有鲜花朝你怒放，总有花香沁你心脾。

　　赫章县威奢乡境内峰峦叠嶂，沟壑纵横，地势起伏变化大，垂直差异明显，喀斯特地貌突出，是贵州"十万大山"的中心地带，属典型的农业乡，原属贵州省重点贫困地区。威奢，音译于彝语，意为"开满小黄花的地方"。而今，威奢乡可不只"开满小黄花"，山英村引进种植千亩大马士革玫瑰，佳淼农科公司年产鲜花3000吨、达到国际香型标准的玫瑰精油100公斤，此属于国家级贫困县项目，带动100多贫困户脱贫致富。暮春时节，红艳艳的玫瑰娇嫩欲滴，给山村带来无限生机，给农民带来热切希望。

　　阿西里西大草原是贵州最大的天然草原，主要区域就坐落于威奢。"阿西里西"在彝语中意为"我们是好朋友"。气势恢宏的阿西里西大草原，绵延数十里、铺展百万亩，几乎一年四季青草茂盛野花遍地。阿西里西韭菜坪是世界上面积最大的野韭菜花带、全国仅有的野生韭菜花保护区。秋天，野韭菜花开漫山遍野，在乌蒙山峰、广袤云海的环绕下，整座山峦就是一片紫色的"云上花海"，美轮美奂令人震撼。当地村民说，韭菜花是上天赐给他们的"福报"——"这种花移植到别的地方活不了，只能在这座高山上大面积生存，你说是不是我们的福气啊！"

　　毕节遍布"芳香小镇"，它们以鲜花为主题、以花卉为产品，玫瑰、桂花、雪菊、万寿菊、薰衣草、郁金香、韭菜花……都是牵引农民走上小康之路的"牵农花"。

　　花开毕节，花开贵州，花开中国。

精彩
──赏析──

　　花开毕节，这里是一片花海。全文紧紧围绕"花开"这个主题，从多个层次、多个角度进行叙写，整个篇幅充满了浓浓的花香。作者开篇以"杜鹃王国"打头，采用类比的修辞手法，突出了毕节杜鹃花种类繁多、品种多样、千年花王，给人美不胜收的心理体验。一句"你以为只有杜鹃花吗？"承上启下，起着过渡句的作用，自然地引起下文对毕节市各种花草的描绘，桃花、梨花、茶花、海棠、紫荆……次第绽放，蓬勃恣肆；斑斓若繁锦，灿烂如云霞。全文有引用，有夸张，有对偶，有比喻，各种修辞手法灵活使用，突出了作者写作技巧的灵活多样。作者笔锋一转，写出毕节百姓依靠种花卖花发家致富的场景，文章的现实意义得到了显著提升，文章的意境得到了升华。

尼阿多天梯

🪷 **心灵寄语**

> 哈尼梯田，是造物主与人类之手共同创造的奇观，是自然与人文相结合的艺术品。

在遥远的滇东南，在奔腾不息的红河两岸，在巍峨绵延的哀牢山中，有一片仿佛被施了魔法的神奇土地，那就是红河哈尼梯田。

哈尼梯田，是地球上最壮观的梯田，是华夏神州最壮丽的梯田，是独具一格的全国重点文物保护单位；迄今为止，是唯一以民族命名的世界文化遗产，是唯一以农耕文化为内容的世界文化遗产。

哈尼梯田被列入世界文化遗产名录，使得中国一跃成为第二大世界遗产国（超越了西班牙，仅次于意大利）。

远古的哈尼梯田，既出自造物主之手，也出自哈尼族人之手。

古老而神奇的元阳，为红河州哈尼族聚居大县，是哈尼人故乡和哈尼梯田核心区。哈尼梯田充满高山河谷，布满原野大地；山重水复中，近20万亩哈尼梯田蔚为大观，被誉为"中华风度，世界奇观"。

经由天神的启示，经由灵感的引导，勤劳智慧的哈尼人民，依靠独特的地理优势，以朴拙而又巧妙的艺术形式，将民族精神表现于梯田之中。

哈尼人垦殖梯田的想象力无比丰富：依山顺势，层层叠叠，小者如簸箕，大则数亩地；低者几十层，高则数千级，连绵向上，直达云海。

山有多高，水就有多高，水有多高，哈尼梯田就有多高。

无论登上元阳哪座山顶，眼前汹涌而来的都是梯田。绕着山路转一圈，每个角度都能见到不一样的梯田。

哈尼梯田是什么样子，取决于你在什么季节看到它。春季，微风过处，梯田波光粼粼，像极了木刻年画；夏季，禾苗生长，梯田青翠欲滴，自是清新水彩画；秋季，稻浪起伏，梯田金黄灿烂，正是绚丽的版画；冬季，层林尽染，梯田五彩斑斓，便是浓墨重彩的油画。

固然四季如画，初春是探访哈尼梯田的最好时节，也是游客和摄影家从四面八方蜂拥而至的时候。此时，梯田里一汪一汪的活水，闪烁着神秘的光芒，梯田间一级一级的田埂，集合成磅礴的曲线交响乐。云雾缭绕中，哈尼梯田扑朔迷离如梦如幻，当阳光穿过云层照耀下来，哈尼梯田美轮美奂如诗如画。

群山环抱的箐口村，是哈尼族聚居村寨，蘑菇房舍错落有致，五彩梯田宛如织锦。安宁静谧的村子，民族特色鲜明，纯朴本真的村民，保持着对天地的敬畏。《中国国家地理》曾评选出六大"中国最美乡村古镇"，红河哈尼村落排名第二，评语是"万千明镜映炊烟"。箐口村，就是这样一个"万千明镜映炊烟"的美丽乡村。

箐口梯田以梯田、云海、日出三景合一闻名。当旭日东升喷薄而出，当山顶放射出紫红霞光，当白茫茫的云海盈满山谷，当水波上面是云朵、云朵旁边是桃花，当天、地、人融为一体，恍入仙境的我想起一首古诗："只有天在上，更无山与齐。举头红日近，回首白云低。"

山势险峻气势恢宏的老虎嘴梯田，日落时分最为迷人，"看那青山荡漾在水上，看那晚霞吻着夕阳"，令人心醉神迷。坝达梯田，能将天空分割成千万块，能把太阳分化成万千颗，千变万化奇妙莫测，令人目瞪口呆。

隋唐以来，哀牢山上的哈尼人挖筑了近 5000 条水沟，沟渠如一条条银色腰带，将大山一道道紧紧缠绕，被截入沟渠内的水流，从根本上解决了梯田稻作的命脉问题。绝美的哈尼梯田，既是举世瞩目的农耕景观，也是世所罕见的水利工程，自然风光与人类艺术，农耕传统与现代文明，在这儿对接得如此完美。哈尼梯田，以中华民族文化经典的方式，呈现出哈尼族人民顽强的意志，展现出哈尼族人民卓越的心灵。

哈尼族人，生命与信仰一致，劳作与艺术一致；动人的哈尼古歌，在这片生生不息的土地上永恒传唱。

哈尼梯田——哈尼族人民用灵魂歌颂的"尼阿多天梯"，你是天神的恩赐，你是大地的雕塑，你是自然的造化，你是人类的诗篇。

精彩
—赏析—

　　文章以"仿佛被施了魔法的土地"开篇，直接点明本文的写作对象，激起了读者阅读的兴趣，奠定了赞美、歌颂的感情基调，为介绍哈尼梯田做了铺垫。作者采用排比的修辞手法，连用六个"是"，肯定哈尼梯田的神奇和哈尼族的勤劳。本文想象丰富，采用明喻、暗喻、夸张等修辞手法，从视觉、听觉等不同视角进行精彩的描绘，如"能将天空分割成千万块，能把太阳分化成万千颗""小者如簸箕，大则数亩地""梯田间一级一级的田埂，集合成磅礴的曲线交响乐"等，生动形象，使文章充满了诗情画意，使读者身临其境、在情感上产生强烈的共鸣，大大增强了文章的艺术感染力。

————————

天赐玉山

🌸 心灵寄语

> 人生的许多惊喜是因为目标明确、付出艰辛才得到的，看似不经意，其实是我们努力的结果。

北方已进入凛冽寒冬，秋韵还在玉山徘徊，藏在林中，凝在叶上，飘在天空，落在花间。

千年古邑玉山，雄踞江西东大门，以境内有怀玉山得名，历史源远流长，文化积淀深厚，文人墨客遗留的观光游记、诗词、歌咏数不胜数，其中以"冰为溪水玉为山""半江青山半江城""水含金沙山怀玉"，最能道其神髓；近代著名文学家郁达夫誉之"东方威尼斯"，更使其美名远扬。

玉山外揽山水之秀，内得人文之胜。集中国山川之美的玉山，不仅多名山秀水，风景星罗棋布，且人文荟萃，多名胜古迹。"唐宋元明清，从古看到今"：唐阎立本墓，宋怀玉书院、端明书院，元"青花云龙纹象耳瓶"，明文成塔、状元牌坊、红石条城墙，清童生考棚、旌德会馆，还有民国时期的机场，以及武安山东麓的南宋行宫遗址、名震遐迩的东岳庙……——见证着玉山昔日的繁华与辉煌。地球上有三大生态系统：湿地、森林、海洋，玉山有三清山世界地质公园，有怀玉山国家森林公园，有信江源国家湿地公园，三居其二。

漏底村，名字让人感觉很神秘，缘于地下有天河，因而村庄从未被洪涝肆虐过。她遗世独立、静谧从容、本色天然，让我一见动心。村头有沉寂千年的青岩石壁，村里屋前舍后山花烂漫、遍地野果、鸡鸭成群、童子嬉戏。原生态的漏底村，就是一个桃花源。

金色的阳光从云层间洒落，照耀着澄澈剔透的三清湖水，湛蓝的湖面，犹如一匹闪闪发亮的绫罗绸缎。看着湖水荡漾的光影变幻，我想起梭罗的瓦尔登湖，明白了他为何要弃绝浮华回归自然。湖中有连绵十里的溶洞群，有佛教圣地少华山，让我联想起韩国经典影片《春夏秋冬又一春》，它演绎的就是一个湖心小岛上的悲欢离合，以四季更替阐释人生无常。

"三清第一景"天梁，既勾连三清山，也连接漏底村，还有地下暗河与三清湖相通。天梁山峰峻谷幽，怪石林立，石门天梁雄伟壮观，暗河溶洞神秘莫测，民间传说丰富多彩，历来为文人雅士向往。据史书记载，状元洞旁原有涧底松一株，宋高宗赵构曾为之写下《题汪状元涧底松》，御题我国历史上最年轻的钦点状元、玉山人士汪应辰。

走出天梁，泛舟金沙湾。弯弯曲曲缓缓流淌的金沙溪，河水波光粼粼，两岸茂林修竹，芦苇成片水鸟成群，让人如临仙境。树林里造型各异的枝干，倒映在水中的树影，横在溪流上的拱桥，还有岸边浣洗的村妇和写生的学子，共同构成一幅美丽生动的江南水乡画卷。

怀玉山之名来自"天帝遗玉"。与三清山山脉相连的怀玉山，山顶玉峰被誉为"中国的普罗旺斯"，是难得的避暑胜地；山间有朱熹手书"蟠龙岗"摩崖石刻，有赵佑手题"高山流水"摩崖石刻；山下有金刚峰法海寺，寺旁有与江南四大书院齐名的怀玉书院，朱熹曾于此讲学并著述《玉山讲义》。怀玉山还曾是闽、浙、赣革命根据地，是方志敏烈士的蒙难地，是中国共产党清贫精神的发源地。怀玉山也矿藏丰富，盛产青石板材——一种世界稀缺矿产。

王安石、陆游、费宏、杨万里、顾况、郭劝、戴叔伦、王宗沐……一干文人墨客，对玉山不吝赞美，留下了大量诗文和摩崖石刻；"众里寻他千百度，蓦然回首，那人却在，灯火阑珊处"，这不朽诗句是辛弃疾在玉山写就的。

文人墨客流连驻足玉山，书画大家阎立本却是将身家性命奉献给了玉山，这位画出过传世名作《步辇图》《历代帝王图》的唐代宰相，对玉山一见倾心，竟至于抛却荣华富贵隐居于此，在此地悟无为参佛法，将一切财物捐与僧人，后由六祖惠能将其宅院改建成江南名刹普宁寺。普宁寺环境清幽，风景秀丽，寺前，冰溪河似环形玉带，绕武安山潺潺流过。阎立本去世后，僧人将其墓筑于普宁寺后百余米处。

玉山如此多娇，引无数英雄竞折腰。玉山是江南重镇，位居闽、浙、赣三省要冲，"两江锁钥，八省通衢"，自古乃兵家必争之地。元末徐寿辉、陈友谅，太平天国石达开、李秀成，清代左宗棠等人，都曾踏上玉山留下足迹。

儒的博大、道的紫气、佛的灵光，皆汇聚于玉山，多元文化在此激荡融合，玉山兼容并蓄传承创新，因而造就出往昔的"中国翰林第一村"、当今的全国"博士县""才子乡"。玉山得天独厚，玉山生机勃勃。天赐玉山，祝福玉山。

精彩
—**赏**析—

　　作者选取玉山的景色作为写作对象，按照山水—人文的写作顺序，介绍玉山的名胜古迹：漏底村、三清湖、三清山以及古今文人墨客的诗篇和石刻，从侧面描写玉山丰富的文化底蕴和悠久的历史文化，表达作者对玉山文化的仰慕、喜爱之情。本文文笔优美，旁征博引，为读者刻画出玉山的诗情画意，大大渲染了文章的意境之美，收到了较好的艺术表达效果。

登黄山记

> 一念地狱，一念天堂。方寸之间，影响着人生的走向。心能地狱，心能天堂，心能凡夫，心能贤圣。英雄不问出处，加强修养，提升素质，修习善行，涵养品德，不负韶华。

走出合肥高铁站，跳进一辆夫妻合开的出租车，讲好了价钱上黄山。

貌似忠厚老实的司机，不一会儿工夫，"老司机"本相尽显。也怪我途中多嘴多舌，忘了"言多必失"的古训，被"老司机"瞅准了软肋，他唾沫横飞地推介起九华山，他老婆也不断聒噪，夫唱妇随，大有不达目的决不罢休之势。实在经不住他们的摇唇鼓舌，我败下阵来，出租车转而开往池州方向。不能不佩服"老司机"看人下菜的本事。话又说回来，地藏王和观世音是中国老百姓最为尊崇的两位菩萨，因为观世音菩萨大慈大悲救苦救难，地藏王菩萨含藏无量善根种子，因而，九华山是我久仰的佛教圣地，早就发愿要前往朝拜，这回能偿夙愿，也是机缘已到。

"众生度尽，方证菩提；地狱不空，誓不成佛！"当地藏王菩萨大誓愿映入眼帘，我的泪水情不自禁夺眶而出。在九华山天台峰天台禅寺抽到一支上上签，使我对地藏王菩萨更是一阵顶礼膜拜。

现在，中国佛教四大名山普陀山、九华山、峨眉山、五台山，我全都拜谒到了，阿弥陀佛，善哉善哉！

春风得意马蹄疾。马不停蹄奔下山，快马加鞭往黄山。蜚声中外的黄山"四绝"——氤氲飘忽的云、迷离缥缈的雾、绮丽多彩的霞、苍劲青翠的松，诱惑了我多少年啊，"四绝"之首的奇松（古人云"黄山之美始于松"），曾几度在梦中向我招手，能不"归"心似箭吗？

"老司机"夫妇把我拉进黄山的宾馆时，已是后半夜。

清早五点半，被叫醒服务叫醒，酒店服务生告知参加的黄山一日游旅行团，七点钟要赶到缆车站等候上山。

启明星还在天空中闪烁时，缆车站就早已人头攒动人声鼎沸。我们团队在导游小姐的示意下，在缆车站公安干警的掩护下，鼓足干劲力争上游，过五关斩六将，总算闯到了比较靠前的位置。

很快，每个人都被前后左右夹成面饼，动弹不得又无可奈何，只有在感到呼吸困难时，才费尽力气试图转动身体。有几个脾气火爆的，怨声载道，出言不逊，差点打了起来，好在事态及时得到了控制。当然，这种外力促成的紧密无间，对情侣来说正中下怀。我左边的一对年轻恋人，就很善于因势利导，让大家没法不"羡慕嫉妒恨"。右边不远处，两位北京侃爷谈笑风生，嘴皮耍得那个溜，活像在说相声，我竖起耳朵，听得乐不可支，再不觉得时间漫长难熬。

总算得到行动号令，被挤成一堆失去队列的人群，开始以蜗牛爬行的速度，一点一点向前蠕动。

有句俗话说：黄山的天气是孙猴子的脸，说变就变。果然。我们好不容易挪到了缆车入口，刚才还阳光普照的天空，突然间就乌云翻滚。景区管理员宣布：马上有电闪雷鸣大雨降临，为防缆车上的进口零件出故障，索道缆车停开。这是什么逻辑啊？人群一阵骚动，骂声彼伏此起。已经站立了整整三个小时的我们，现在临门而不能入，自是火冒三丈。然而，当我们听到脑后一片愤怒的叫骂声，回头看到黑压压一片望不到边际的脑袋，心理优势使得我们立刻换上了另一副嘴脸。尤其是，当看到门槛里面的候车者因内急不得不哀求门卫放他们出来，看到他们使出浑身解数突出重围的可怜样，再联想一下已经上山者的落汤鸡模样，正处在"进可攻，退可守"黄金位置的我们，一个个开始面有得色。

下午一点半，终于传令让我们登山。我回头看了看后面那些不知还要等多久的人，不由心生怜悯。亲们，祝你们好运哪。

啊，千岩万壑的黄山，高风峻骨的黄山，你真是太美了！难怪轩辕黄帝对你一见倾心（黄山因黄帝而得名），难怪你被誉为"天下第一奇山"，难怪大画家刘海粟借用古人诗词赞叹你"岂有此理，莫名其妙，说也不信，到此方知"。你的奇美壮丽，由"五岳归来不看山，黄山归来不看岳"一言而尽，我哪还敢用陈词滥调来描述你，只想尽量多拍些照片，把你的美尽情地摄入镜头，让你永远定格在我的相册中。

哗哗哗！一阵雨点砸下来，四周顿时兵荒马乱，所有的照相机都被收起来了，所有的雨衣（大一统，黄颜色）都被穿上了。无处藏身，大家只能守在原地不动，眼巴巴等着雨住。然而半小时过去了，雨非但没停，反而越下越大。苍穹一片昏暗，人群一阵恐慌。

在导游的导引和带领下，我们冒着大雨踏上归途。其他团队一拨拨尾随而来。

　　什么展翅欲飞的凤凰松、神奇祥瑞的麒麟松、悱恻缠绵的连理松、低吟浅唱的竖琴松、国之瑰宝迎客松，这回统统无缘得见；什么黄山绝顶莲花峰、黄山绝胜玉屏峰、宛如初莲的莲蕊峰、黄帝飞天的炼丹峰、瑰丽壮观的光明顶、卓绝云际的天都峰、"真正妙绝"狮子林，一切都是浮云。更有那心仪已久的"梦笔生花"（相传李白掷下的毛笔，化成一座笔峰，峰顶奇松如花，故名"梦笔生花"。传说文人墨客若文思枯竭，只要到此一游，便会茅塞顿开妙笔生花），作为一个舞文弄墨者，错过这般殊胜妙景，就像错失了与情郎的幽会，心情有多沮丧可想而知。

　　好在我很快就调整了情绪。对于不能改变的事实，除了平静地接受，还能怎么样呢？那就一门心思观泉赏瀑吧。山泉和飞瀑，本就是黄山之美景，现如今正好，不用特地奔赴断崖峭壁之间，处处是山泉，时时见飞瀑，不亦快哉。

　　所谓"一念地狱，一念天堂"。

　　老天爷似乎是为了成全我，雨越发下得大了，成了倾盆大雨。山泉和飞瀑，越来越壮观。听得见山洪的轰鸣声，但我不敢抬起头来，略一抬头，就会被雨水打得睁不开眼睛，何况，黄山的路径只容得一个人立身，本就"走路不看景，看景不走路"，行者稍一停步就要堵住后面的人，因而也就堵住了正在行进的千军万马，我可不敢造次。当然，人人都和我一样，不敢心有旁骛，只顾低头赶路。每个人都被淋得透湿，每走一步，灌满了水的鞋子就吱呀一声。那一对情侣再也顾不上缠绵，那两个北京侃爷早被大雨封住了嘴巴。整座黄山上只能见到一种状态：人人低头赶路；但能听见三种声音：轰隆、哗啦、吱呀。

　　不知走了多长时间，雨渐渐小了，我敢抬头挺胸了。斜风细雨中，我抬起眼睛前瞻，只见一条黄色长龙在青翠的山谷中上下起伏，我扭过脖子回望，眼中景象并无二致。想到大家"来自五湖四海，为了一个共同的目标，走到一起来了"，因为共同遭遇这场黄山大雨，从而有着终生难忘的集体记忆，我不由失声大笑，笑得花枝乱颤。

歌德说过："人之所以爱旅行，不是为了抵达目的地，而是为了享受旅途中的种种乐趣。"正是，正是！

晚上六点，雨住了，我也回到了酒店，本人本次黄山之游到此结束。

精彩赏析

游记是一种常见的文学题材，写好游记的关键在于观察。黄山独特的景观，如黄山"四绝"——氤氲飘忽的云、迷离缥缈的雾、绮丽多彩的霞、苍劲青翠的松，令人叹为观止。作者采用了"定点换景"的写作方法，随着观察视线的移动，将观察到的景物按照雨前、雨中、雨后的顺序进行描写，使读者身临其境。作者引用歌德的名言说明了人们游玩的目的在于获得过程的乐趣，真是一语中的。恰当引用名句、名言也是本文的一大特色，如"五岳归来不看山，黄山归来不看岳"，增强了文章语言的美感，贴切而生动，拉近了读者与作者的距离。

高原之上，雪山之下

> 人生有意义的东西很多，人要活得精彩就应该把握"清静"这一原则。只有这样，才不会在灯红酒绿里丧失本性，不会在忙忙碌碌中迷失方向。

十年前，遇到过一位大学女教师，一面之交，互相没有交谈，也不知道她姓名，但她痴迷的神情、反复不断的自语，永远烙印在我心底："我刚从西藏回来，我把魂丢那儿了。我刚从西藏回来，我把魂丢那儿了。我刚从西藏回来，我把魂丢那儿了……"

西藏固然令世人倾倒，可究竟是什么原因，使得她这般心醉神迷？是五百山水的诱惑，还是三千佛唱的吸引？我不知道。只是，从那时候起，只要看到"西藏"两个字，不由自主地，那个疯魔般的女子，那副圣徒般的面容，立刻会浮现于眼前。

有人说，西藏接近天堂。天堂是什么样子，我不知道。只是，我立下了誓愿：如果有一个地方，今生非去不可，那就是西藏；如果有一条道路，今生非走不可，那就是通向世界屋脊的天路。

有生之年，我一定要去西藏！

129

那里有最高的宫殿，那里有最长的史诗，那里有最清的湖泊，那里有最深的峡谷，那里有最纯的笑容，那里有最美的歌舞……那里是世界之巅，珠穆朗玛峰高耸入云；那里有不朽的传奇，雅鲁藏布江万古奔流。

没有亲眼眺望过雄伟壮丽的布达拉宫，怎么能体会松赞干布的骁勇与深情？没有匍匐在大昭寺佛祖等身像前顶礼膜拜，怎能领受到佛陀的加持？没有用脚步丈量过八廓街的转经道，如何领悟朝圣者三步一长头的虔诚？

让我魂牵梦萦的神秘西藏，壮美而空灵的雪域高原，安谧如远古洪荒的地球第三极，今天，我终于投入了你的怀抱。

当飞机停落贡嘎机场，当汽车驶过拉萨河，当雄浑的群峰扑入眼帘，当雅鲁藏布江流淌眼前……我依然感觉如梦如幻，直到抵达以佛寺立城的拉萨。

挪威著名建筑学家说："拉萨，西藏历史聚集点，像罗马、麦加、瓦拉纳西、耶路撒冷这些伟大的宗教城市一样，已经成为一个'磁场'。"绮丽的高原风光、独特的民族风情、浓厚的宗教色彩，使圣城拉萨闻名于世，成为"欧洲游客最喜爱的旅游城市""世界特色魅力城市200强"之一……

仰望红山之巅的布达拉宫，仰望这座拉萨城的文化地标，我无比尊崇，心怀敬畏。我相信，任何一个游客，即便不了解佛教，并非前来朝圣，也会与我感同身受。

在布达拉宫，瞻仰到了大清顺治皇帝接见五世达赖的画像，这让我很惊奇。原以为，顺治皇帝只是多情的少年天子，甚至因情殇出家披上袈裟，却原来，他6岁登基后将西藏纳入大清版图，14岁接见西藏喇嘛教首领五世达赖，正式赐予"达赖喇嘛"的封号；俯仰之间，他一统山河，成为文韬武略的一代英主。在布达拉宫，怎能不想起六世达赖喇嘛仓央嘉措，怎能不想起他让人心灵战栗的诗句："那一天，我闭目在经殿香雾中，蓦然听见你诵经中的真言；那一夜，我听了一宿梵唱，不为参悟，只为寻求你的一丝气息；那一月，我转过所有经筒，不为超度，只为触摸你的指尖；那一年，我磕长头匍匐在山路，不为觐见，只为贴着你的温暖；那一世，我转山转水转佛塔啊，不为修来生，只为途中与你相见……那一瞬，我飞升成仙，不为长生，只为佑你喜乐平安。"仓央嘉措，这"雪域最大的王，世间最美的情郎"，为了爱情，拼死也要挣脱束缚于身的袈裟。

一个自断尘缘，一个直通欢场，让人一声叹息。好在最终，佛法能"度一切苦厄"。

八廓街周长一公里多，沿途建筑多为白色，唯东南角上有一幢黄色的别致小楼，是仓央嘉措的秘宫，据说情诗《在那东山顶上》，便是在这里写就。"在那东山顶上，升起皎洁的月亮，年轻姑娘的面容，渐渐浮现心上。黄昏去会情人，黎明大雪飞扬，莫说瞒与不瞒，脚印已留在雪上。"这个让仓央嘉措将一切置之度外的姑娘，叫玛吉阿米。而今，仓央嘉措秘宫变身为西藏风情餐厅，名称"玛吉阿米"。

古老的八廓街，宗教与世俗并存，传统与现代相融。街上熙熙攘攘，行人来来往往：有磕三步等身长头的朝圣者，也有脚踏旱冰鞋青春飞扬的少年；有身着僧袍的僧侣，也有衣着时尚的女郎；有低眉顺目的藏族同胞，也有面露得色的游客……几个转经的藏族老人，右手摇着转经筒，左手捻着念珠，在夕阳的余晖下，他们的脚步沉着坚定。他们对灵魂转世坚信不疑，转经之路就是轮回之路。

想起影片《可可西里》中的场景：以当代藏族英雄索南达杰为原型的主人公日泰说，"见过磕长头的人吗？他们的脸和手很脏，可他们的心灵特别干净"。

尽管高原反应严重，尽管同伴竭力阻拦，但是，纳木错——状如金刚度母静卧的圣湖、世界上海拔最高的大湖，我怎能因贪生怕死而不前往朝拜？

连绵的雪山，静穆而伟大；纯净的圣湖，高贵而单纯。天纵的壮阔、威仪，亘古的尊严、气度。置身无垠的时空，面对极致的自然，我怎能不全身心崇拜服从？

如洗的天空、远去的白云，飘扬的经幡、飞舞的风马，低沉的诵经、高亢的歌声……又怎能不使我热泪盈眶？

最为打动我的，是藏族同胞对信仰的坚守。

他们的信仰无处不在。他们相信宿命，相信万物有缘起，笃信因果报应，认为生命由神灵主宰，一切都是命中注定，因而坦然接受命运。"积德行善一定会有回报，不在今世也会在来生。"他们说。在他们看来，帮助别人就是成就自己。他们的笑容，是那样的朴实；他们的眼神，是那样的坦荡。

供奉神佛是藏族人最重要的美德，施舍是他们的天性。他们生活在日常社会中，更生活在精神世界里。他们的精神世界独特而神秘。

有信仰的民族，平安、喜乐、安详、幸福。

或许，信仰并非告诉人们世上有无所不能的神灵，而是让我们知晓：在这个未知的世界上，人类需要心存敬畏和谦卑。

弟弟是音乐家，为藏族音乐着迷，一次次来到西藏，离开又返回。

藏族人在独特的生存环境中，创造出撼人心弦的音乐。西藏音乐既热烈又深沉，既欢快又悲伤，既雄浑又真切，既明快又含蓄，每次听到，心头都会涌上地老天荒之感，宛若回到了无限久远的过去，又仿佛走入了无限遥远的未来。

乔治·波格尔是第一个进入西藏的英国人。1774 年，他受东印度公司之命考察西藏，被藏族人的虔诚深深打动。他说："我希望你拥有这种在文明国家已成绝响的欢乐。当文明人在无尽地追求贪欲和野心时，藏族人在与世隔绝的荒野上安享和平与喜乐，除了人类的本能以外，别无所求。"

千百年来，藏族人一直如此：承受着身体的苦，享受着灵魂的乐。

而今，西藏早已不是与世隔绝的荒野，商店已遍布雪域高原。在八廓街，我花一百元编二十五根藏族小辫，花一千元买两条藏式长裙。对经商的藏族人来说，以点头代替磕头，让生意经取代念佛经，或许他们有过心灵挣扎，但却是社会转型中的必然。

布达拉宫下方的乃琼村，是内地援藏建设的美丽城中村，"村花"卓玛在四川上过大学，能讲比较流利的汉语。

性格直率出语泼辣的卓玛，大费心思为村里推销藏银产品。她说祖父是藏医，长桌上堆砌的银器全都是藏药银，"银代表健康"。她说赚钱不是为自己，而是为了上哲蚌寺供奉佛祖，还有就是为村里建希望小学。我花费近一万元，买了银梳、银镯、银碗、银勺。银梳上刻着汉文《心经》，银镯上的藏饰花纹很精美。买价格不菲的银碗和银勺，纯属为希望小学献上一点心意。

后来同伴说，在拉萨一些商场的银器柜台，同样的藏药银物品，价格要便宜得多。想起卓玛的指天发誓，想起卓玛的铮铮誓言"举头三尺有神明！我要是说了瞎话骗了人，会遭到报应的"，我告诉同伴："对不少藏族人来说，比风水更大的是善心，比法律更大的是因果。我坚信卓玛不会骗人，我盼望希望小学早日建成，我期待以后能为之多做点贡献。"

据说来到西藏的人，一定会相信灵魂的存在，也一定会得到心灵的净化。愚顽的我，还是脱不了俗，但至少这一刻，心灵至诚至纯。

我来到布达拉宫西墙外，来到那排望不到边际的金色转经筒前。在阳光照耀下，布达拉宫金碧辉煌，转经筒发出万道光芒。我学着藏族同胞，用右手顺时针转动着巨大的转经筒，喃喃着六字真言：唵嘛呢叭咪吽。

精彩赏析

游记散文与抒情散文之间存在着交叉的关系。作者在记游过程中通过写景状物来表达自己的情感。全文整体分为两个部分：前一部分写自己受他人影响而对西藏充满了神秘的向往，叙写了自己期盼的心情；后一部分叙写了自己终于实现梦想来到西藏。本文以作者的行踪为线索，先后写了布达拉宫、八廓街、纳木错、乃琼村等地点，展现了西藏深厚的文化底蕴、独特的历史氛围，字里行间洋溢着热烈而深沉的情感。文章语言优美、感情真挚，充满了人生感悟和生活哲理，让读者仿佛走进了历史、踏进了时光的长河。

扬州慢

🌸 **心灵寄语**

> 沉舟侧畔千帆过，病树前头万木春。长江后浪推前浪，新生事物锐不可当。新时代好时机，我辈应振作起来，勤奋努力，新事物必将取代旧事物。

平生第一次真正意义上的旅游，去的是扬州。对于一个文艺女青年来说，扬州是《鹿鼎记》中韦小宝念念不忘的温柔之所，是南柯太守"南柯一梦"的原生地，是杜十娘怒沉百宝箱后投江自尽的魂断之处。

而今故地重游，仰望平山堂"坐花载月""风流宛在"牌匾，心中默默遥祭城郊梅花岭上史可法的英魂，缅怀扬州人志决献身的铁血硬骨。

一

"故人西辞黄鹤楼，烟花三月下扬州。孤帆远影碧空尽，唯见长江天际流。""诗仙"李白的千古绝唱，充满火焰般的力量，古往今来，不断撩起人们对扬州的倾心与梦想。

　　烟花三月，难免让人浮想联翩。其实，在扬州极尽风流的才子，不是豪放不羁的李白，而是诗赋俱佳的杜牧。"街垂千步柳，霞映两重城""十年一觉扬州梦，赢得青楼薄幸名"，是杜郎笔下的扬州；"十里扬州，三生杜牧，前事休说"，是姜夔笔下的扬州才子杜牧。

　　白居易对扬州"长相思"："汴水流，泗水流，流到瓜州古渡头，吴山点点愁。思悠悠，恨悠悠，恨到归时方始休，月明人倚楼。"哀怨缠绵，情韵无限。

　　"四海齐名白与刘"。白居易被称为"诗魔"，刘是"诗豪"刘禹锡，两人神交已久，扬州相遇，悲喜交加。席上，诗魔慷慨悲歌，诗豪激昂酬答，"真谓神妙"的千古名句应运而生：沉舟侧畔千帆过，病树前头万木春。

　　唐时扬州，"四方贤士大夫无不至此"，"诗圣"杜甫虽不能至但心向往之，"商胡离别下扬州……老夫乘兴欲东流"。

　　"两情若是久长时，又岂在朝朝暮暮"，扬州才子秦观的杰作，是我少女时代的爱情座右铭，也慰藉了世间多少痴男怨女的心！

　　《春江花月夜》，标题就令人心醉，春、江、花、月、夜，集中体现最动人的良辰美景：

江天一色无纤尘，皎皎空中孤月轮。
江畔何人初见月？江月何年初照人？

　　诗风一反盛唐的雄壮博大，具有幽美邈远的意境，当得起"孤篇盖全唐"，所以被闻一多称为"诗中的诗，顶峰上的顶峰"。作者张若虚，也是扬州人。

　　到了宋朝，欧阳修、苏东坡、王安石，三位文坛领袖、诗坛巨擘，都有济世安邦之才，竟前赴后继任职于扬州，真是扬州的造化。欧阳修名句"平山阑槛倚晴空，山色有无中"、王安石名篇《泊船瓜州》，还有黄庭坚的《过广陵值早春》……都使得扬州四海扬名。

扬州，怎样的物华天宝，怎如此这般地灵人杰？

二

扬州到处是花木，花木，花木。

集"北雄南秀"为一体的园林，是扬州人写在大地上的诗篇。清代扬州有"园林之盛，甲于天下"之誉，《扬州画舫录》谢溶生序文描写了当时盛况："增假山而作陇，家家住青翠城闉；开止水以为渠，处处是烟波楼阁。"

扬州四季花开，柳媚花娇。"扬州芍药冠天下"，寒冬蜡梅吐芬芳。扬州琼花，冰肌玉骨，"维扬一株花，四海无同类""东方万木竞纷华，天下无双独此花"。宋仁宗曾把琼花移植到汴京御花园，花儿不久就枯萎了，送还扬州后，复茂如故。琼花被宋孝宗移往临安宫中，很快便憔悴，归还扬州后，鲜活如初。到元世祖时，蒙古大军攻破扬州，琼花当即亡故。各种神奇传说，使琼花愈显神秘，琼花令天下人称奇，令扬州人自豪。

千年古刹大明寺名扬天下。汉白玉须弥座"唐鉴真大和尚纪念碑"，是寺中最著名的文物古迹，由梁思成设计，郭沫若、赵朴初分别书写碑名和碑文，被誉为"三绝碑"。鉴真大师，扬州籍僧人，曾在大明寺修行，以年迈之躯，十二年里六次渡海，历尽艰险劫波，甚至双目失明，信念始终颠扑不灭，六十六岁时终获成功。鉴真将中国佛学、医学、文学、建筑、雕塑、书法、印刷等介绍到日本，被日本人民尊为"文化之父""律宗初祖"。

由欧阳修建造的平山堂，坐落于大明寺内，"衔远山，吞长江，其西南诸峰，林壑尤美；送夕阳，迎素月，当春夏之交，草木际天"，秦观赞其"游人若论登临美，须作淮东第一观"。

平山堂对面，二十四桥若隐若现。《扬州鼓吹词》曰："是桥因古之二十四美人吹箫于此，故名。""二十四桥明月夜，玉人何处教吹箫？"杜牧妙笔生花，一笔勾勒出诗情画意。曹雪芹借黛玉思乡之情，一抒心中扬州梦，在《红楼梦》中写道："春花秋月，水秀山明，二十四桥，六朝遗迹……"毛泽东偏爱杜郎诗作，特手书诗碑，该石碑立于二十四桥景区主建筑熙春台东。

虽说有举世无双的琼花，有举世闻名的月亮，然而，论名气之大、影响之广，扬州风景名胜之最，首推瘦西湖。瘦西湖是扬州的名片。"也是销金一锅子，故应唤作瘦西湖"，便是"瘦西湖"美名的由来。瘦西湖垂杨十里，暗香浮动，画舫笙歌，涟漪荡漾。

难以置信的自然美景，遍地皆是的名胜古迹……扬州何其幸也。

三

隋炀帝痴爱扬州，做梦都与扬州纠缠不清，梦醒后诗云"我梦江都好，征辽亦偶然"。民间戏称他痴迷琼花，为一睹其仙姿，开凿大运河，三下扬州，大造迷楼，极尽奢华。演义戏言固然不值得采信，但大运河的开辟，使扬州成为陪都，一跃成为全国政治、经济、文化中心，而年轻、"天下称之为贤"的隋炀帝，却误了卿卿性命，被缢死并葬于扬州。这是他的命定，是他与扬州的孽缘。可怜隋文帝开创的"开皇之治"，二世而斩。

"尽道隋亡为此河，至今千里赖通波。"之后的唐、宋、元、明、清，大运河一直是国家的运输主动脉，也为扬州带来了上千年的繁华。"为后世开万世之利，可谓不仁而有功者矣"，算是对隋炀帝较为客观的盖棺论定。

正是隋朝的铺垫，成全了唐时扬州的绝世繁华——"天下之盛，扬为首"。《资治通鉴》写道："扬州富庶甲天下，时人称扬一益二。"清代扬州"采铜以为钱，煮海以为盐"，依然流金泻银奢华绮靡，"广陵繁华今胜昔"。沈复在《浮生六记》中如此盛赞扬州："奇思幻想，点缀天然，即阆苑瑶池、琼楼玉宇，谅不过此。"

所以，清朝皇帝酷爱往扬州跑。康熙六巡江南五下扬州，每次必到蜀冈，御题"蜀冈云淡山光近，江渚潮分水脉清"，他也必访名刹，留下诗篇《幸天宁寺》。乾隆六到扬州，九次游览大明寺、平山堂，留下大量诗篇、对联、福字、匾额、碑刻。这个风流皇帝对扬州的偏爱，到了无以复加的地步；为了讨得乾隆欢心，富甲天下的扬州盐商，一次次建造园林修缮行宫，使得从瘦西湖到平山堂"两堤花柳全依水，一路楼台直到山"。道光皇帝，虽说才学不如祖上康熙、雍正、乾隆，也还是有样学样，在瘦西湖畔平远楼留下墨宝"印心石屋"，留存至今。

从那些具烟火气息的老字号里，也能解读出清代扬州的繁华。谢馥春，中国第一家化妆品企业，创立于道光年间，获过国际金奖；扬州美食，曾令苏东坡绝倒，清朝时登峰造极，"涉江以北，宴会珍错之盛，扬州为最"；就连扬州酱菜，也是清宫廷御膳小菜。著名红学家冯其庸说："红楼菜实在是扬州菜的体系。"

吴敬梓也对琼花情有独钟，不仅多次来到扬州，还期望死于此地，晚年寓居扬州时常常流连于琼花观，其名著《儒林外史》中，很多内容以扬州为背景，不少人物以扬州人为原型，涉及诸多扬州名物和方言。

"无恙年年汴水流，一声水调短亭秋。旧时明月照扬州。曾是长堤牵锦缆，绿杨清瘦至今愁。玉钩斜路近迷楼。"纳兰容若，这位出身豪门的"清朝第一词人"，写下《红桥怀古》凭吊修禊盛事，只是，格调一以贯之的凄婉忧伤。

扬州也是音乐之城。"春风荡城郭，满耳是笙歌""院院笙歌送晚春，落红如锦草如茵""谁知竹西路，歌吹是扬州"，都是其写照。寻常陌巷，烟柳人家，四处笙歌，清曲悠扬。柔婉优美的民间小调《茉莉花》，就源自扬州清曲《鲜花调》。琴曲《广陵散》，则是我国现存唯一有杀伐之气的古曲，具有很高的思想性及艺术价值；"竹林七贤"的精神领袖嵇康，因桀骜不驯获罪，临刑弹奏《广陵散》，使之成为千古绝响。

扬州还是戏曲之都。汉代，就有百戏在扬州上演；元代，扬州人士睢景臣的散曲《高祖还乡》，闻名遐迩；明朝戏曲大师汤显祖之作《牡丹亭》《南柯记》，都与扬州有着深厚的渊源。最著名的戏剧，当属清代孔尚任的《桃花扇》——淮扬四年为官治水，使孔尚任深刻认识到现实社会的丑恶，他多次登临梅花岭，拜谒史可法衣冠冢，"借离合之情，写兴亡之感"，成就了戏剧史上的不朽名作《桃花扇》。

追根溯源，扬州亦是徽腔的发源地、京剧的孕育地。

四

因其"包淮海之形胜，当吴越之要冲"的地理位置，扬州，自古亦兵家必争之地。吴越之争、秦汉风云、楚汉相争、藩王割据、七国之乱……都曾在这片锦绣江山上演。

还有，徐敬业讨伐女皇帝武则天，就是在扬州起兵；燕王朱棣夺权登基，也是从扬州起家。

最为吊诡的是，中国历史上两场极其惨烈的抗御外侵战役，都发生在扬州。

金人入侵，宋室南渡，宋高宗逃亡到扬州建立小朝廷苟安，岳飞、韩世忠在扬州与金兵鏖战，尽忠报国"天日昭昭"，却被诬陷残害。辛弃疾举旗反金，"上马杀贼、下马草檄"，却被弹劾落职，他抚今追昔、悼今伤古，写下被誉为"辛词第一"的沉痛雄章，"想当年，金戈铁马，气吞万里如虎……四十三年，望中犹记，烽火扬州路"，倾诉壮志难酬的悲愤，谴责执政者的屈辱求和，其爱国主义思想光耀千秋。

家国飘摇，与"词中之龙"辛弃疾并称"济南二安"的"词中之凤"李清照，以掷地有声、压倒须眉的《夏日绝句》示夫，之后逃难到扬州，寄托她的拳拳家国梦。

南宋末年，元兵围攻扬州，南宋名将李庭芝率军坚守城邑，来人招降，一概杀之，对招降榜，一概焚之。逃亡中的南宋皇帝竟诏谕劝降，末路英雄仰天长啸"吾惟一死而已"！李庭芝被凌迟，扬州山河同悲。

李庭芝不是一个人在战斗。他麾下勇将姜才，直捣瓜州，痛击元军。扬州沦陷，姜才"宁为兰摧玉折，不为瓦砾长存"，引颈受刑，忠肝义胆感召天下。"经纶弥天壤，忠义贯日月"的文天祥，亦在扬州与李庭芝有交集，被证得忠义后，领兵抗元，从容殉国，留取丹心照汗青。

"楼船夜雪瓜洲渡，铁马秋风大散关"，陆游的绝吟，让我感受到扬州的坚硬与悲壮。

面对战后破败的扬州，鲍照"驱迈苍凉之气，惊心动魄之辞"，悲愤挥就《芜城赋》；面对民生凋敝的扬州，青年才俊姜夔，悲伤吟咏《扬州慢》："淮左名都，竹西佳处，解鞍少驻初程。过春风十里……青楼梦好，难赋深情。二十四桥仍在，波心荡、冷月无声。""黍离"之悲，烁古震今。

哀哉，国家不幸诗家幸。

扬州人的铁血硬骨，在明末清初的扬州之役中，表现得淋漓尽致。吴三桂引兵入关，清军南下势如破竹，唯独到达扬州时，遭到军事统帅史可法率军民浴血抵抗，誓死不降。清军血腥屠城，史称"扬州十日"。民族英雄，人皆敬仰，南明追谥史公"忠靖"，清廷赠谥其"忠正"，忠烈史公，世代景仰。

琼花，象征着扬州人的不屈灵魂；梅花，象征着扬州城的不挠风骨。

五

秦汉时期，波澜壮阔的长江广陵潮，是一大名胜奇观，其奔腾汹涌的宏伟景象，使无数文人墨客荡气回肠，留下许多传世之作，最早可追溯到西汉大文学家枚乘的《七发》："疾雷闻百里，江水逆流，海水上潮。……荡取南山，背击北岸。"《昭明文选》李善注引《南徐州记》云："京江，《禹贡》京江也……常以春秋朔望，辄有大涛，声势骇壮，极为壮观。涛至江北激赤岸，尤为迅猛。"

东汉王充《论衡》中也提到："广陵曲江有涛，文人赋之。"

魏文帝曹丕看到广陵潮，发出惊叹："嗟呼，天所以限南北也！"可见广陵潮之惊天动地、撼人心魄。

沧海桑田，斗转星移，自唐代中叶以后，广陵潮逐渐销声匿迹。

广陵潮起潮落，扬州几度兴衰，但历史气息不绝，文化气脉不断。

精彩
—赏析—

扬州自古繁华，这是本文的题眼。作者恰当引用华丽辞藻和美言诗句，这是本文的文学特色，显示了作者深厚的文学功底，如"维扬一株花，四海无同类""淮左名都，竹西佳处，解鞍少驻初程。过春风十里……青楼梦好，难赋深情。二十四桥仍在，波心荡、冷月无声"等千古传诵的名句赋予扬州之赞誉。为了更好地展现扬州城的历史风貌，作者将全文分为五个部分，分别从五个不同的视角进行叙写，逻辑严谨，由表及里，层次分明。古扬州不但经济繁华，而且历史文化冠绝全国，更有世代景仰的不屈灵魂。这正是扬州文化昌盛、人民幸福的原因所在。

1.阅读《花开毕节》一文，回答下列问题。（10分）

（1）文章第五段运用了什么修辞手法？有怎样的作用？（4分）

_____

_____

（2）文中介绍了很多植物花卉，请你找出其中三种，概括它们的特点。（6分）

_____

_____

_____

2.阅读《尼阿多天梯》一文，回答下列问题。（8分）

（1）请赏析文中"哈尼梯田是什么样子"一段的内容。（4分）

_____

_____

（2）为什么说哈尼梯田既是"自然的造化"，也是"人类的诗篇"？（4分）

_____

_____

3. 写作训练。（60分）

　　峻拔如孤峰绝壁，明净如高山积雪，高远如长空彩虹，坚润如金石蕙兰。这就是方志敏。而他的不朽之作《清贫》，我每读一遍都会为之动容："在这长期的奋斗中，我一向是过着朴素的生活，从没有奢侈过。""清贫，洁白朴素的生活，正是我们革命者能够战胜许多困难的地方！"《清贫》，是中华民族难以磨灭的文化记忆；清贫精神，是中国共产党的理想信念，是中国革命精神的重要组成部分。英雄虽逝，浩气长存，功勋不朽，精神永在，光耀千秋。

要求：请仔细阅读材料，确定主题，题目自拟，体裁不限，不少于800字。

扫码领取
☑ 应试技能　☑ 模拟试卷
☑ 作文精修　☑ 考点突破

永恒的星辰

❀ 心灵寄语

> 最美好的幸福感来自崇高的信仰，最永恒的快乐来自纯净的心灵。心灵的超拔、理想的庄严、精神的明亮、道德的高尚、信念的坚定，使人的灵魂脱离污浊俗气，变得高贵超凡。

20 世纪 30 年代，不远万里来到中国的诺尔曼·白求恩，是享有国际声誉的胸外科专家，他独创的"人工气胸疗法"至今仍在广泛应用，他发明的 20 多种极为先进的外科手术器械由美国公司以"白求恩器械"命名并全权代理制造和销售。可想而知，他曾过着多么富足甚至奢华的生活。然而，他志愿投身国际反法西斯战争。在西班牙战场上，他又创办了移动急救系统，发明了输血技术，二者在医学上都极为重要。

在加拿大，白求恩加入了共产党。恰逢中国抗日战争爆发，他率领美加医疗队，历尽艰辛抵达中国。在武汉战区医院看到的景象，使他痛恨腐败无能的国民党政府，他转赴陕北延安，受到毛泽东亲切接见。延安带给白求恩一个崭新而光明的世界。

白求恩坚决要求上抗日前线。他率领医疗队，从延安转赴太行山区，不到一年半的时间里，行走山路数千公里，做战地手术数百

146

次、救治伤员 1000 多人。他发明了流动输血队、折叠手术台，建立起大量手术室、包扎所、战地医院、卫生学校，培养出大批医务人员，编写了多种战地医疗教材，同时为老百姓看病疗伤……这一切，需要具备多么坚强的毅力啊，信仰和悲悯给了他内在的充盈和动力。

他过着极为清苦的生活，以至于严重营养不良。在他写给故乡友人的信中，他怀念咖啡、啤酒、烤牛肉、冰淇淋、苹果馅饼等"绝佳的美味"，怀念书籍、音乐、画展、舞会和美丽的姑娘们，"但必须遗憾地说，如果我在此获得了上述所有的东西，也不会带给我任何惊喜了……我感到巨大的满足……我深深感受到自己被需要时的那种快乐！"

最高级的幸福感来自崇高的信仰，最大的永恒的快乐来自纯净的心灵。心灵的超拔、理想的庄严、精神的明亮、道德的高尚、信念的坚定，使人的灵魂高贵、超凡、脱俗。只是白求恩自己并不知道，他已经走上了不朽之路。

新西兰女传教士凯瑟琳，在白求恩人格魅力的感召下，以不计后果的真诚与慈悲，冒着生命危险为八路军医院采购和运输医疗物资。

年轻姑娘凯瑟琳为白求恩倾倒，是他把她带到了更高的境界。而白求恩已胸纳乾坤，他的爱像世界一样壮阔，唯独摒弃了儿女情长。他对凯瑟琳说："我是在战场上，随时可能死去，不能把痛苦留给你。"

不幸一语成谶。连续不断的手术使白求恩极度疲劳，不慎划破没有手套保护的手指而感染上败血症，却没有任何药品救治。八路军战友建议为他截肢以挽救生命，他坚拒不肯。他认为，失去手臂，自己就不再有存在价值，他不愿以"无用之躯"白白消耗抗战区贫乏的物资。等待死神降临之际，骨瘦如柴极度虚弱的他，挣扎着给八路军司令员聂荣臻写信，请求把少得可怜的财物分给战友，请求国际援华委员会关照他离异多年的前妻；"我唯一的遗憾是，我将无法继续奉献了。过去的两年，是我的生命中最有意义、最为非凡的两年。我没有力气再写下去了……"

我再也忍不住，泪流满面。我趴在桌上放声痛哭。

白求恩逝世80多年来，中国人民和加拿大人民，一直以各种形式缅怀他：层出不穷的文学、影视、邮票、雕塑、建筑作品，天南地北不断矗立的以"白求恩"命名的学校和医院……

他所获得的敬爱和景仰，是各种"成功者"无法企及的。用世俗的标准来衡量他是没有意义的，他让权贵、名利、享乐黯然失色，使平庸、苟且、贪婪无处遁形。在浩瀚的银河中，在历史的长河里，他是一颗永恒的星辰，与山河同在，与日月同辉。

精彩——赏析——

有的人活着，他已经死了；有的人死了，他还活着。本文作者怀着无比崇敬的心情，以情感为经，以白求恩事迹为纬，叙述白求恩极其不平凡的一生和对中国抗战取得胜利的伟大意义，跨越时代，历久弥新。作者夹叙夹议，以白求恩来华帮助中国抗日的壮举为例，展现高尚的白求恩精神。白求恩是中国共产党思想建设史上重要的典范，也是共产党人价值追求的一座永恒丰碑，深刻影响着不同时代共产党员的思想与实践。本文语言流畅，感情真挚，字里行间洋溢着作者浓浓的崇敬之情。在当今，此文对于弘扬社会主义核心价值观、引导青年人积极参与中华民族伟大复兴的实践，具有积极的引导作用。

我去地坛，只为能与他相遇

一个深刻的灵魂永远不会放弃对美的追求和向往。史铁生的作品祥和、安静、宽厚，兼具文学力量和人道力量。读他的作品，心灵会异常宁静、开阔、博大、悲悯，他的作品使他永恒，因为它就是他。

永远忘不了中学时期，我在课堂上偷偷阅读史铁生作品《奶奶的星星》的情形，当读到"奶奶已经死了好多年。她带大的孙子忘不了她。尽管我现在想起她讲的故事，知道那是神话，但到夏天的晚上，我却时常还像孩子那样，仰着脸，揣摩哪一颗星星是奶奶的……我慢慢去想奶奶讲的那个神话，我慢慢相信，每一个活过的人，都能给后人的路途上添些光亮，也许是一颗巨星，也许是一把火炬，也许只是一支含泪的烛光"这一段时，我的泪水开始哗哗地流，只好把头埋得更深，不断用衣袖拭去泪水。同桌惶恐不安，老师莫名其妙……我也是奶奶带大的，我的奶奶也这般善良，也这般疼爱我。"奶奶已经死了好多年。她带大的孙女忘不了她。"我抽抽噎噎，念念叨叨，疯疯魔魔。幸好，一向偏爱我的老师，照旧宽容了我。

我哭，还因为少女的敏感多情——命运为什么要这样残忍地捉弄他？一个"喜欢体育（足球、篮球、田径、爬山）、喜欢到荒野里去看看野兽"的男孩子，"活到最狂妄的年龄上忽地残疾了双腿"，从此再也不能活蹦乱跳了，"无论怎么说，这一招是够损的。我不信有谁能不惊慌，不哭泣"。他脆弱：他不敢去羡慕在花丛树行间漫步的健康人，在小路上打羽毛球的年轻人。他忧伤：脚踩在软软的草地上是什么感觉？想走到哪儿就走到哪儿是什么感觉？踢着路边的石子走是什么感觉？他失望：他曾久久地看着一个身穿病服的老人在草地上踱着方步晒太阳，心想自己只要能这样就行了就够了！

况且，21 岁的他，渴望爱情而爱情正光临。"一个满心准备迎接爱情的人，好没影儿的先迎来了残疾"，那时候，爱情于他比任何药物和语言都有效，然而……

"结尾是什么？"
"等待。"
"之后呢？"
"没有之后。"
"或者说，等待的结果呢？"
"等待就是结果。"

他这样写道。他爱得虚幻，我痛得真实。他曾对中学老师 B 老师怀有善良心愿："我甚至暗自希望，学校里最漂亮的那个女老师能嫁给他。"我当时就全是这样一份心思，暗自希望讲台上这个学校里最漂亮的女老师能嫁给史铁生。

150

　　残疾、失恋，让史铁生猛然被命运击昏了头，一心以为自己是世上最不幸的人，他孤愤、悲怆、怨恨，甚至长达 10 年无法理解命运的安排。"活着，还是死去？"这个哈姆雷特式的问题，日日夜夜纠缠着他，对于年轻的他来说，心灵的痛苦更胜于肉体的痛苦。

　　"人不惧苦，苦的是找不到生之喜乐。"好在，这个终日在死亡边缘挣扎的少年，最终没有被痛苦淹没，反而被苦难造就着。通过写作，他找到了生活的出路，找到了精神的征途，找到了生命的尊严，也找到了生之喜乐。

　　"写作，刚开始就是谋生。"史铁生直言。随着作品的不断发表和连连获奖，他靠意志和思想站了起来，站成一位文学的强者。

　　"在谋生之外，当然还得有点追求，有点价值感。慢慢地去做些事，于是慢慢地有了活的兴致和价值感。"他如是说，"一个生命的诞生，便是一次对意义的要求。"

　　人要赋予世界以价值，赋予生命以意义。人要求生存的意义，也就是要求生命的质量。曾经，史铁生写下小说《命若琴弦》，表达盲人对荒诞人生和自身宿命的抗争，以获取生存的价值与意义；在《许三多的循环论证》中，他一如既往地对生命意义质疑，同时做出解答：没有谁是不想好好活的，却不是人人都能活得好，这是为什么？因为不是谁都能为自己确立一种意义，并永不放弃地走向它。

　　是的。人来到人世时紧握拳头，去世时手却是张开的；人生到最后，位子、票子、房子、车子四大皆空，所有功名利禄，一切荣华富贵，都烟消云散。既然死亡不可避免，爱人终究离去，我们为什么还会全心全意去爱？为什么还要不断创造美好的事物？我想，也许就在于生命的恩赐是珍贵的，爱情是无价的，人类创造的美好是永恒的。所以，尽管"眺望越是美好，越是看见自己的丑弱，越是无边，越看到限制"（史铁生语），我们依然应该尽量去追求理想而不是物质，因为，只有理想才能赋予生命以意义，也只有理想才具有恒久的价值。

可是，时间会像沼泽一样，逐渐淹没我们的理想，让我们日益庸庸碌碌；时间也会像沙漏一样，不断过滤着我们的记忆，让我们漠然于逝去的似水流年。而独具慧眼的史铁生，却从一件件往事中，撷取出一个个片段，写可感之事、可念之情、可传之人：寺庙、教堂、幼儿园、老家；佛乐、诵经、钟声；僧人、八子、B 老师、庄子、姗姗、二姥姥……像一幅幅精雕细琢的工笔画，徐徐展现在读者眼前，令人神往，引人入胜。这些往事有的温暖有的苦涩，在他笔下怀旧而不感伤，少年的轻狂、青春的绮丽，年轻的梦想、命运的跌宕，历史的沉浮、人间的温情，良知与情义、反思与忏悔，由他一贯纯净优美、纯朴平实、沉静睿智、沉稳有力的语言娓娓道来，有时一尘不染，有时直逼尘世的核心，冲淡悠远，意蕴深长。他曾说，21 岁那年"我没死，全靠着友谊""那时离死神还远着呢，因为你有那么多好朋友"，那些好朋友，除了经常带书去医院看望他的插队知青，也有八子、庄子、小恒他们这些童年伙伴吧？

心灵的超凡脱俗，使他把目光抬高，俯瞰自己的尘世命运，"这个孩子生而怯懦，禀性愚顽，想必正是他要来这人间的缘由"，残疾是"今生的惩罚与前生的恶迹"。而一个善于反思的人，在面对自己的灵魂时，会黯然神伤："现在想起来，我那天的行为是否有点狡猾？甚至丑恶？那算不算是拉拢，像 K（矮小枯瘦的可怕孩子）一样？""几天后奶奶走了。母亲来学校告诉我：奶奶没受什么委屈，平平安安地走了。我松了一口气。但即便在那一刻，我也知道，这一口气是为什么松的。良心，其实什么都明白。不过，明白，未必就能阻止人性的罪恶。多年来，我一直躲避着那罪恶的一刻。但其实，那是永远都躲避不开的。""我也曾这样祈求过神明，在地坛的老墙下，双手合十，满心敬畏（其实是满心功利）……"

读他的作品，你的心灵会异常宁静、开阔、博大、悲悯。

史铁生最负盛名的散文是《我与地坛》。《我与地坛》语言清澈而精雅、清灵而深刻、清癯而丰华，人物丰富生动，文章甫一发表，立刻引起全国读者的注意，被多家选刊转载，被选入高中语文课本，被公认为中华人民共和国成立以来最优秀的散文之一。文中最动人心弦的人物形象是作者的母亲——一个苦难而伟大的女性。关于母亲，史铁生还写下了深受读者喜爱的《秋天的怀念》《合欢树》《第一次盼望》等，尤其《秋天的怀念》，短小的篇幅，精致的文笔，纯粹的意境，写尽了母亲艰难的命运、坚忍的意志和真挚深沉的母爱，以及母子生离死别的苦痛，感人至深，余韵袅袅（曾在课堂上泪流满面的天真少女，已是饱经人生凄风苦雨的妇人，然而，每次重温它，我都会潸然泪下，久久不能释卷，久久难以释怀）。但流传最广的，还是《我与地坛》。一些中学教师和同学说，老师讲解《我与地坛》时，经常是女生哭男生也哭，学生哭老师也哭，以致师生们执手相看泪眼于课堂上。很多年里，很多人都是因为读了《我与地坛》而向往地坛，去地坛找寻史铁生的足迹。

我住得离地坛近了，去的次数多了。我知道，史铁生后来住得离地坛远了，他大部分时间在受病痛折磨，与病魔搏斗，有时候，为了把精力攒下来读读书写点东西，他半天不敢动弹。所以，他来地坛少了。但他的心魂还守候在京城这座历经 500 年沧桑的古园里。

我去地坛，只为能与他相遇。我记得史铁生说过的话："一进（地坛）园门心便安稳，有一条界线似的，只要一迈过它便有清纯之气扑来，悠远、浑厚。"而我一进地坛，就觉得他的气息扑面而来。

20多年过去了，《我与地坛》没有随着岁月的推移而褪色，直到现在仍有人说，到北京可以不去长城，不去十三陵，但一定要去看一看地坛。这就是《我与地坛》的影响力，这就是文学的生命力。

史铁生的散文为什么这么吸引人？

世界越发展，人类便越渺小，物质越发达，人心就越孱弱。当今社会过于喧嚣浮躁，人的各种欲望空前膨胀，导致不少人心灵贫乏、精神荒芜、信仰没落。在这个物欲横流的时期，在这个急需道德力量的时代，社会需要精神食粮，读者需要文学营养，需要关注灵魂、呼唤良知、震撼心灵、柔化温暖人心的作品，这是当代散文必然的精神归宿，这是时代赋予作家的文学使命。

史铁生写的不是油滑遁世的逸情散文，不是速生速灭的快餐散文，不是自矜自吟的假"士大夫"散文，不是撒娇发嗲的小女人散文，挫折、创痛、悲愤、绝望，固然在其作品中留下了痕迹，但他的作品始终祥和、安静、宽厚，兼具文学力量和人道力量。他用睿智的眼光看世界，内心则保持纯真无邪，正因为他返璞归真的赤子之心，他的作品体现出广博而深远的真、善、美、慧。

一个有着丰饶内心和深刻灵魂的智者，不会沾沾自喜于世俗的得失，史铁生看出了荣誉的羸弱，警惕着声名的腐蚀：

"写作为生是一件被逼无奈的事……居然挣到了一些钱，还有了一点名声。这个愚顽的铁生，从未纯洁到不喜欢这两样东西，况且钱可以供养'沉重的肉身'，名则用以支持住孱弱的虚荣。待他孱弱的心渐渐强壮了些的时候，确实看见了名的荒唐一面……

"美化或出于他人的善意，或出于我的伪装，还可能出于某种文体的积习——中国人喜爱赞歌……我其实未必合适当作家，只不过命运把我弄到这一条（近似的）路上来了……左右苍茫时，总也得有条路走，这路又不能再用腿去蹚，便用笔去找。而这样的找，利于世间一颗最为躁动的心走向宁静……我仅仅算一个写作者吧，与任何'学'都不沾边儿。学，是挺讲究的东西，尤其需要公认。数学、哲学、美学，还有文学，都不是打打闹闹的事。"

我想起了瞿秋白，想起他在《多余的话》中展示的高贵自省、伟大谦卑。

双肾坏死、尿毒症，每隔一天就得去医院透析一次，任谁也难以承受。不过，在21岁时挺过了最受煎熬的时光之后，哪怕面对死亡的威胁，对史铁生来说都不可怕了。曾经，医院的王主任劝慰整天痛不欲生的他："还是看看书吧，你不是爱看书吗？人活一天就不要白活。将来你工作了，忙得一点时间都没有，你会后悔这段时光就让它这么白白地过去了。"后来，医生这样评价他："史铁生是一个意志坚强的人，也是一个智慧与心质优异的人。"几十年风霜雪雨过后，他已经可以坦然面对人世间的一切苦难、灾难、劫难。"我的职业是生病，业余写一点东西。"他笑称，"做透析就像是去上班，有时候也会烦，但我想医生护士天天都要上班，我一周只上三天比他们好多了。"他过五十寿诞时，对作家朋友陈村说："座山雕也是50岁，就要健康不说长寿了吧。"这幽默令人心酸，但"幽默包含着对人生的理解"，这是他的话。

心灵的成长需要时间，更需要命运的提醒。

《病隙碎笔》就是史铁生在透析期间的轮椅上、手术台边写出来的，足足写了四年之久。"生病也是生活体验之一种，甚或算得一项别开生面的游历……生病的经验是一步步懂得满足。发烧了，才知道不发烧的日子多么清爽。咳嗽了，才体会不咳嗽的嗓子多么安详。刚坐上轮椅时，我老想，不能直立行走岂非把人的特点搞丢了？便觉天昏地暗。等到又生出褥疮，一连数日只能歪七扭八地躺着，才看见端坐的日子其实多么晴朗。后来又患'尿毒症'，经常昏昏然不能思想，就更加怀恋起往日时光。终于醒悟：其实每时每刻我们都是幸运的，因为任何灾难的前面都可能再加一个'更'字。"这些感悟，将哲思与个人生命体验交融，使我们看到作者的谦逊感恩、平和坚韧，使我们懂得：幸与不幸，在乎人的感受；少欲少求，保持一颗虔诚的心，一颗感恩的心，一颗祥和的心，人才能获得内心的平静和真正的幸福。

《阿伽门农》中有一句名言："智慧从苦难的经历中得来。"当然，不是所有的苦难都能产生智慧和德行，举目四望，苦难、清贫、病痛，也造就精神的颓废、道德的沉沦。但是，必须有大痛苦才有大深刻，有大深刻才会有大悲悯，有大悲悯才能有大智慧。智慧的人，懂得通过苦难走向欢乐。对史铁生来说，快乐当然不是幸运的结果，而是一种德行——英勇的德行。在德行的牵引下，他用喜悦平衡困苦，从而获得了心灵的安妥、生命的自足。"当有人劝我去佛堂烧炷高香，求佛不断送来好运，或许能还给我各项健康时，我总犹豫。便去烧香，也不该有那样的要求，不该以为命运欠了你什么。唯当去求一份智慧，以醒贪迷。"

他的表白，不是伪崇高，没有人格造假，体现的是更高层次上的道德感。

让人欣慰的是，众目仰望的不是权力人物而是思维人物，毕竟，文化与思想的影响力要远远大于权力。史铁生以他的人格精神高度，深深打动着人们的灵魂，无数读者从他的作品中得到慰藉和鼓励，因而对他敬佩、敬重、敬爱、敬仰。有人说他的文字是全人类的精神财富，犹如一盏盏明灯照亮了人们的心灵，让人深刻地审视生命，让人找回自我、本性、灵魂，让人的灵魂得到升华；有人说，"他的作品帮助我想明白了生命的很多问题，帮助我度过了人生最迷茫难熬的时光"，有网友甚至说"他的作品救过我的命"；有人称他为中国的霍金、中国的奥斯特洛夫斯基，称他是当代最值得尊敬的作家，称他是自己的精神引领者，质问为什么"感动中国"没选他；更有人呼吁：课本和媒体应该多推介史铁生作品以告诉孩子们什么是真、善、美和坚强。读者说："我们是幸运的，因为能读到他的文字！"读者说："如果站在他的面前，我真的很想给他鞠一躬。"作家莫言也由衷感叹："我对史铁生满怀敬仰之情，因为他不但是一个杰出的作家，更是一个伟大的人。"

文学没有衰落，更不会死亡，文学的作用，正如沃伦所言，"作家不仅受社会的影响，他也要影响社会。艺术不仅重现生活，而且也造就生活。人们可以按照作品中虚构的男女主人公的模式去塑造自己的生活"。

爱情与死亡是文学艺术的永恒主题，也是史铁生永远的人生命题。当年，充满哲学色彩和文学神韵、给读者以无比新奇的阅读体验的《务虚笔记》问世，其中的生命思考和心灵独白，是那样地激荡着我，让刚刚开始涉足文学写作的我，不满足于只是惊喜阅读，还废寝忘食地大段大段抄写，那些笔记至今保存完好。

我对适逢《务虚笔记》问世时，某省举办的作家读书班上，当地文坛"三剑客"之二"剑"的争论记忆犹新。一个说，史铁生之所以善于思考，是因为他被命运限定在了轮椅上，除了苦思冥想便无事可做，否则他不会如此智慧，不会成为这么优秀的作家，他的残疾，对他来说未必不是幸运。

另一个反唇相讥：你也可以坐在那儿去想啊！你由于行动灵便，就自甘于俗务纠缠，更自堕于欲望滚滚，自己不去沉思，怪谁呢？再说，你去苦思冥想，就一定能产生出思想吗？

而对史铁生来说，哲思不是沙龙里的讨论，它是生与死的搏斗。

他坦言，《务虚笔记》亦可称为《心魂自传》，而且，"一个作家无论写什么，都是在写他自己"。或许有人认为他太过玄虚，有人则说他证明了神性。其实，这是他的必然。黑格尔认为，艺术发展到最后一个阶段，绝对精神就不再满足于用艺术来表现，而走入宗教与哲学的领域。

画家丰子恺把人的生活分为三个层次：物质生活、精神生活、灵魂生活。钟情于灵魂生活的人，不肯做本能的奴隶，不满足于虚幻的声名，必须追究灵魂的来源，追问宇宙的根本，才能满足他的人生欲。"人可以走向天堂，不可以走到天堂。"史铁生说。对一个深刻的灵魂而言，痛苦、磨难甚至是死亡威胁，也不会损毁它对美的向往和追求。史铁生提出真知灼见：在奥运口号"更快、更高、更强"之后，应该再加上"更美"。我们看到，他正一步步走过人生的三个阶段——审美阶段、道德阶段、宗教阶段。

《务虚笔记》问世十年之际，《我的丁一之旅》由人民文学出版社出版，史铁生在书中对爱情、人生、信仰和灵魂石破天惊的追问，令当下一些或写实或虚构，或拘谨或夸张，或精致或粗鄙的情爱小说相形见绌、黯然失色。它的出色，评论家何东一言以蔽之："此书堪与《百年孤独》等国外优秀的名著相比，一本真正的爱情小说。"当时供职于《长篇小说选刊》的我，倾倒于小说情节布局之恢宏之阔大，想象力之瑰丽之天马行空，笔下之汪洋恣肆之从容不迫，语言之千锤百炼之炉火纯青，根本不记得自己要做编校，顾自深深沉浸于幸福阅读的心灵之旅。直到暮色苍茫，终于，我从书里探出头来，对亦师亦友的同事素蓉姐说，我从来不追星，但一直景仰史铁生。那一刻，我眼前浮现出的却是《奶奶的星星》里的"赶快下地，穿鞋，逃跑……"还有《老海棠树》里"奶奶把盛好的饭菜举过头顶，我两腿攀紧树丫，一个海底捞月把碗筷接上来"那个聪明、可爱、淘气、顽皮的小男孩。

史铁生获过很多奖，但读者记住他，人们敬仰他，跟形形色色的奖项无关。萨特宣称："我的作品使我永恒，因为它就是我。"这句话可以套用到史铁生身上：他的作品使他永恒，因为它就是他。生命虽短暂，但精神永存，且薪火相传。

精彩赏析

史铁生，文坛上一个永远绕不过去的名字。他欣赏相对论，仰望星空，文字超凡脱俗，他完全颠覆了"五四"以来的小品文写法，创造了一个文学作家的思想表达方式和语言，成了一个思想的"叛逆者"，使人在捧读作品时陷入沉思，如"生病的经验是一步步懂得满足""一个生命的诞生，便是一次对意义的要求"，等等，充满了哲学的道理，既是对人生凤凰涅槃的体会，更是对生命意义的思考，从而吸引了无数人去拜读史铁生的作品。本文构思巧妙，文章写的是史铁生，言的是文学情，亦文亦情，借文言情。在材料组织上，作者精心选材。史铁生的材料千千万万，作者不是顺手拈来即入文章，而是经过精心的筛选，有详有略，字里行间洋溢着作者对史铁生浓浓的崇拜之情。

《主角》：荆棘与桂冠

> 这个世界从来没有随随便便的成功。一分耕耘一分收获，没有耕耘就没有收获。不经历风雨怎么见彩虹，成功都是历尽千辛万苦换来的。

陈彦在戏剧团体工作 30 多年，写过大量为民众所喜闻乐见的剧本，收获了戏剧界无数的奖项和荣誉。当他跨界进行文学创作时，人生阅历和戏剧经验，自然而然决定了他的选择：写梨园春秋，写粉墨人生。

演戏首先要有舞台，陈彦的长篇小说《装台》，写的就是一群常年为专业演出团体搭建舞台布景和灯光的小人物。"戏剧让观众看到的永远是前台，而我努力想让读者看幕后。"陈彦说。他出手不凡，《装台》甫一出版便获好评如潮，位列年度长篇小说榜首。

虽说戏曲是一门包罗万象的综合艺术，包括对音乐的理解、对台词的打造、对人物的把握、对灯光的应用、对舞美的取舍以及对形体、服饰、化妆的要求等。但中国戏曲更是"角儿"的艺术，历朝历代流传下来的戏剧文本，要靠演员尤其是角儿"杜鹃啼血般的演绎着公道、正义、仁厚、诚信这些社会通识"。

角儿，那是金字塔顶尖的光环，而光环，是一种只有别人能看到的神物，却由悲凉的人生底色造就。谢完幕后，陈彦把目光转向了台前，因为"主角看似美好、光鲜、耀眼，在幕后，常常也是上演着与台上的《牡丹亭》《西厢记》《红楼梦》一样荣辱无常、好了瞎了、生死未卜的百味人生"。他的新作就叫《主角》。

"以歌舞演故事"的中国戏曲，对演员的要求非常高，"台上一分钟，台下十年功"；角儿更不用说了，必须达到"人无我有，人有我精，人精我绝，人绝我化"的境界，这是担任梨园主角的不二法门。

我曾短暂混迹于演艺界，对剧团略知一二：为了上位，为了名利，多少人不择手段，头破血流。而陈彦笔下的易招弟，一个善良、聪慧又憨痴的烧火丫头，一切只能靠自己。她只想演好戏，别无所求，她默默地、辛苦地打拼，灵性、专注加刻苦，使她念唱做打样样出色、文戏武戏戏戏精湛，她得以脱颖而出、化蛹成蝶，成为响当当的主角易青娥，最终成为一代秦腔皇后忆秦娥。

这样的身份嬗变，这样的人生轨迹，可想而知，易青娥有过多少忧患、隐忍、挣扎，受过多少磨难、凌辱、伤痛。何况，她有的是别人觊觎的姿色，有的是别人嫉恨的名气；又何况，人们往往羡慕一个陌生人的发迹，却难以容忍一个身边人的上升；更何况，人间风华难以久驻，因此，她的人生悲剧就不可避免。

不踏荆棘，何来桂冠？

易青娥不是庸脂俗粉，美人美在态，诗文俱佳的陈彦，忍不住借"六匹狼"之口，如此这般赞美她：

明明是一条

已说不清是唐朝还是宋朝的蛇精

却在一千多年后

惊艳破土而出

　　我不禁莞尔。这样的神来之笔，书中随处可见。世人往往把美女与蛇联系在一起，大概缘于蛇的神秘吧。蛇会蛰伏，会爬也会飞，历经一亿多年而不灭，可见其顽强的生命力。主演过《白蛇传》的易青娥，渡尽劫波的忆秦娥，就是一条打不死的神蛇。

　　优秀小说家必须会讲故事，故事好坏直接关系到小说成败。《主角》的故事异常精彩，但陈彦绝不是只会讲故事。鲁迅说："写小说，说到底，就是写人物。"作为写剧高手，陈彦对小说结构、故事情节、人物刻画的把握能力很强，《主角》的惊采绝艳，突出地表现在人物的塑造上。作者以思想与才情的结合，以精深的功力、精细的笔触、精彩的语言，成功塑造了宁州剧团众生相，不只是易青娥流光溢彩，苟存忠、裘存义、周存仁、朱继儒、廖耀辉、胡三元、郝大锤、胡彩香、米兰、封潇潇、刘红兵，等等，每个人物都鲜活出彩，都活色生香。

　　中国戏曲产生于民间，自然最接地气；中国传统文化没有断裂，很大程度上拜戏曲所赐。守护精神家园，承载民间信仰，礼敬传统文化，教化民众百姓……中国戏曲功莫大焉，善莫大焉。

　　黑格尔说："艺术是各民族最早的教师。"

　　在艺术系毕业的母亲的熏陶下，我打小会哼唱一些戏曲名段，善恶有报、孝悌忠信、礼义廉耻的启蒙教育，我大多从中得来。10多岁时，我常去姐姐就学的艺术院校，学戏剧编导专业的姐姐，钟情戏曲偏爱京剧。姐姐说："戏曲的身段，外国的芭蕾舞哪能与之相比？""京剧的高贵、大气、典雅，国外的歌剧怎能比得上？""其实老生老旦比小生花旦更出韵味……"在姐姐的影响下，我爱上了戏剧，至今迷恋青衣和武旦，戏曲《霸王别姬》中的虞姬，千娇百媚，我见犹怜。在我看来，只有中国戏曲演员，才有这种摄人心魂的美。

秦腔源远流长，是中国戏曲的鼻祖，被誉为"中国戏曲活化石"；秦腔博大精深，国粹京剧的生长，也得到过它的滋养。一部《主角》，几乎就是一部当代秦腔发展史，就是几代秦腔人传承与创新的历史：老戏的历史流变，戏曲的市场化道路，秦腔的兴衰盛落，梨园的悲欢离合，主角及身边人的酸甜苦辣、爱恨情仇……在陈彦笔下，表现得淋漓尽致，让以往对秦腔茫然无知的读者如我，了解到秦腔的别具华彩，喜欢上了高亢激昂处"使人血气为之动荡"、细腻柔婉时令人百转肠回的秦腔。

《主角》沿用现实主义创作手法，作者坚守自己的创作理念："我不喜欢在作品中过多地演绎新观念，而始终在寻找人类生活中的那些恒常价值；人类生活是相通的，都要向善、向好、向美、向前。"诚哉斯言！

俄罗斯人把剧院视为天堂，契诃夫说，"少了戏剧我们会没法生活"，这一点我存而不论；契诃夫还说，"最优秀的文学家属于现实主义"，这一句我完全赞同。因了《主角》，继柳青、路遥、陈忠实、贾平凹之后，又一位优秀的文学家在陕西诞生了。

精彩
——赏析——

　　《主角》植根于传承有序的扎实又坚韧的陕西文化根脉，叙述了易青娥历经千辛万苦终成一代秦腔名角的动人故事，真可谓"宝剑锋从磨砺出，梅花香自苦寒来"。作者在文中充分肯定和赞赏了《主角》的艺术成就和人文价值，《主角》不仅成功塑造了鲜活出彩的人物形象，包括主角和众生相，而且还谱写了别具华彩的秦腔发展史，体现了陈彦"向善、向好、向美、向前"的价值追求。作者在文中表达了自己对《主角》的独特见解和深入体会，也激起了读者对《主角》的阅读兴趣，引发阅读思考。

_____

《极花》：恋曲与挽歌

> 时光倒流，幸福只是零散的银圆，却支撑了我们平淡的一生；有多少挂着泪水的人，带着苦难，带着艰辛，最终登到了人生的高处。

《极花》是贾平凹最短的一部长篇小说，写的是年轻漂亮的女孩子胡蝶被人贩子拐卖到贫穷落后的乡村后，起先拼死抵抗，渐渐被潜移默化，后来却在日子的流逝中，不知不觉地有点"爱"上了这个偏远、闭塞、穷困的山村，依赖上了这个山村里愚昧、自私、粗野但不乏憨厚、本色、朴实的邻里乡亲，包括把她买来、给她带来屈辱和痛苦的"丈夫"，也越来越放不下她被强暴的产物：儿子"兔子"……以至于她被解救回城后，自己逃了回去。典型的"斯德哥尔摩综合征"。人心的幽深、人性的复杂，在作者别开生面的叙述中，渐次得以展现，让读者在不断地"拍案惊奇"中，也不时掩卷深思，唏嘘不已。

作者写作《极花》，"试图着逃出以往的叙述习惯"，让他本人"体验了另一种经验"，也让读者收获了另一种阅读快感。从《浮躁》《废都》，到《秦腔》《带灯》《老生》，直到《极花》，20 多年间，尽管不断推陈出新，尽管风格不断转变，贾平凹还是一以贯之讲述中国故事；无论写什么怎么写，贾平凹的小说都独具特色，始终是中国文学的标志性作品。

乡土中国，乡村人口是大多数，从特定意义上说，写好了农村和农民，才算是写好了中国和中华民族。

当下农村，农民最大的欲望就是进城。乡村越来越荒芜，年轻女性越来越少，农村男子越来越"躁"，伴之而生的是：社会秩序失衡，乡村人心不古，纲常伦理沦丧……"当一个国家两性比例严重失调时，那是比战争更可怕的灾难"，对于乡村来说，又何尝不是如此？纪纲一废，何事不生？对社会生活、世态人情甚至对"食色，性也"的饮食男女有着深邃洞察和深刻认知的贾平凹，以四两拨千斤的态势，为传统意义上的乡村写下一曲壮烈凄美的挽歌《极花》。

《极花》后记，作者也给了《人民文学》一并发表。贾氏随笔，自然文采斐然活色生香，对于读者来说，是在吃到了西瓜之外又捡到了芝麻。这后记，清浅有味，姿态横生，而又从中透出丰盛深厚。如此功力，非有大才华大学问者不能达到。说实在的，以前我喜爱妙语连珠的贾氏散文更甚于名满天下的贾氏小说，这回的阅读经验使我"拨乱反正"：贾氏散文是灵性之花，贾氏小说是智慧之树，桃芬李芳，各领风骚。

生命可悲、生活无奈、生死无常……这种深刻而坚硬的悲凉感，在我一次次的编校过程中，如影随形挥之不去，使我控制不住地一次次潸然泪下。正如"有一千个读者，就有一千个哈姆雷特"，对于《极花》及其后记，对于《极花》女主人公胡蝶，相信每个读者都会有自己的解读；作为女性编辑，我最深切的感受是：女人最大的不幸就是身为女人。

贾平凹的写作，来自生活，也来自他的心灵。复杂的心灵，难免有挣扎；巨大的智慧中，必然隐忍着巨大的悲痛。在反复的阅读与欣赏中，我不止一次起心动念：贾平凹，他内心深处到底沉积着什么？

高明的作家，不仅要描写出生活的残酷，更要描绘出冷酷世界的暖色。人生是悲哀的，生命却是美丽的。断裂的城乡二元结构，使乡村长期贫穷落后，以至于人心扭曲、人格畸变、人性异化，但人们依然不乏人生乐趣和人情温暖。"兔子"，或许就是作者对生命的感念、对希望的昭示。这是作者对生命的恋曲，同时体现出他悲天悯人的慈悲心。

魔鬼般的故事情节，风俗画般的笔墨铺陈，不动声色的冷幽默甚至黑色幽默……"通经术，达文法"的贾平凹，很可能又要给文学史的道路上留下一座里程碑。

我本人赞同哈金界定的好小说标准："一部伟大的中国小说，就是一部关于中国人经验的长篇小说，其中对于人物和生活的描述如此深刻丰富、正确并富有同情心，使每一个有感情、有文化的中国人都能在故事当中找到认同感。"

我认为，《极花》符合以上标准。

精彩
—— 赏析 ——

　　贾平凹的长篇小说《极花》以全息体验的方式详细叙述了一个从农村到城市、最终又被拐卖到农村的女孩儿胡蝶的悲惨故事，凸显了社会底层百姓在时代背景下的生活状态。作者充分肯定了《极花》传统绘画般的表达方式，如"魔鬼般的故事情节，风俗画般的笔墨铺陈，不动声色的冷幽默甚至黑色幽默"，认为贾平凹"通经术，达文法"、《极花》有对生命的恋曲和悲天悯人的慈悲心，这是它成功的根本原因。本文多次采用引用的修辞方法，如哈金界定的好小说标准"一部伟大的中国小说，就是一部关于中国人经验的长篇小说，其中对于人物和生活的描述如此深刻丰富、正确并富有同情心，使每一个有感情、有文化的中国人都能在故事当中找到认同感"，增强了文章的权威性和可读性，同时引人深思。

注目南原觅白鹿

🌸 **心灵寄语**

> 花朵，有开就有谢；人类，有生就有死。死亡是生命最后一个环节，有它，生命才得以完整。死亡并非消失，而是新生命的开始。

暮春四月，从草长莺飞、杂花生树的江南回往北京途中，惊闻陈忠实先生于清晨近八时仙逝。一颗文坛巨星，就此陨落。

我浑身一颤，心中刺痛，泪水夺眶而出。

列车疾驰，一路上，我怔怔地看着窗外，一遍遍回忆与陈先生的交往，一次次怆然而泣下。

初见陈先生，是在 2003 年夏季，我忝列为"中国著名作家三峡采风团"一员，先生是采风团副团长。途中，有人把他比作《白鹿原》中总是不动声色的那位朱先生，而我倒觉得他更像是书中那个既洞达世情又藐视世事的房东老太太，尤其在游轮上相遇时，他那双被人戏谑为"贼亮"的双眸一扫过来，当即使我想起《白鹿原》中对那老太太的描写："她第一眼瞥人就使白灵觉得她的眼睛像看一只普通的羊一样平淡，而她已经见过成千上万只羊了。"

其实，外表冷峻的先生"望之俨然，即之也温"。他虽然在文坛上越站越高，但却没有"如坐云端"，并未远离众人的视线，他也没有变得冷硬如雕塑。在这个大腕云集的采风团中，他最为"抢手"，一路被崇拜者围追堵截。让有些人郁闷的是，置身于美女们包围中，他同样游刃有余。他的镇定从容，从喝酒就能窥斑见豹。每天都有多位女士轮番上阵想把他灌醉，他兵来将挡水来土掩，始终屹立不倒，让大家既失望又佩服。

是年岁末，先生莅临海南，一个晚上，岛上各路陕籍英豪几乎老少咸至，集聚到他的旗下。我作为文化记者被特邀，这回更加见识到先生的本色。先生不装腔作势，不拿腔捏调，固然满脸沧桑，笑容却顽童般纯真灿烂，兴高采烈时，会无所顾忌地开怀仰合，还伴着洒脱不羁的动作。要这样地大笑，的确需要有健康、旷达的心灵。他毫不留情面地自我调侃，出语辣烈得像他抽的大雪茄，在我看来，只有内心强大的人才会这般自嘲。在他身上，体现着兼具自然、飘逸、沉稳、豪气和略带狡黠的综合性气质。在亲切、宽厚的先生面前，大家畅所欲言，气氛十分热烈。我也大大咧咧，甚至出言不逊，但并不觉得糟糕。

第二天，我匆匆写就《陈忠实速写》，托陕西籍教授张浩文先生呈先生审阅。次日中午，接到陌生来电，声音洪亮："杨海蒂吗？""我是。"我迟迟疑疑地应道。"我是陈—忠—实。"一字一顿，沉着有力。我一下蒙了，口不择言："陈老师，您怎么会想起来给我打电话呢？""我怎么不会想起来给你打电话呢？"他说，"读了你写的文章，没想到你这么有才华，让我对你刮目相看。在飞机上，给郭潜力他们都读了。只不过我没有你写得那么好，我都不知道自己是个什么样的人……""您那么智慧，还会不知道？"他笑了起来，说："向大家问好，向柳建伟问好。"

随即收到潜力兄信息："我陪送先生回西安。先生对你文章很赞赏，尤其这一段，他说没想到一个女孩子竟有着这样的情怀：'《白鹿原》中博大丰厚的精神世界，作者没有体验过生命的大喜大悲是不可能铸就出来的。十年埋头潜心打磨一剑，那种寂寞孤独，对于一个文人来说需要具备巨大耐力和信念才能忍受。但，所就者大，则必有所忍。只有杰出的人，才能在孤独寂寞中完成他的使命。终于，《白鹿原》横空出世了。立意高远、气魄宏大的《白鹿原》，被圈内圈外读者推崇备至，而除文学价值之外，蕴含其中的政治力量与人道力量也是我所推崇的。针对当前文学现状，陈忠实先生曾撰文指出症结在于缺乏政治，强调"政治是个大的精神概念"。我非常赞同先生这个观点，所以，几年过去了，我对这话记忆犹新。'"

回读当年报纸，十分惭愧当初"不揣浅陋以见教于大方"，相对于读到《白鹿原》时的惊心动魄，相对于皇皇巨著《白鹿原》，拙文实在粗浅，不堪一睹。然而，以先生之大德，从来都是严于己而宽于人。

之后，竟整整十年没有与先生联系。是因为我在与人交往中历来不善主动，还是因为工作和生活诸多动荡变迁，抑或是因为自己庸庸碌碌无所建树而索性做一只鸵鸟？

直到三年前，忘了因为什么事情，给先生打过电话，远方传来的，依然是铿锵话语、爽朗笑声："你到了西安，给我打电话，我请你吃泡馍！"先生在琼时，我说过喜欢吃西安泡馍，他居然还记得。

一股暖意，从心底慢慢升起。先生的光和热，远隔千里也能感受到。

就在这三年间，我多次去到西安、咸阳、延安、汉中等地，好几次被省报、晚报有所报道，有两次还配了照片，想必先生总有看到的时候。而我，连一个电话也没有打给先生，连一条信息也没有发给先生。

何尝不想吃到先生请客的泡馍，何尝不想听到先生睿智的谈吐，哪怕出于虚荣心也想见到先生啊，再说，我还暗存心念想谋得先生一幅字呢。然而，正是因为知道先生生而有仁、交而有礼、言而有信、行而有义，我担心万一先生时间不便，反而给他添了心理负累，所以一直不敢造次，不曾打扰。何况，见与不见，在心不在缘。

可是，先生会不会对我产生误解呢？

一晃，又是两年过去。去年，"秋风吹渭水，落叶满长安"时节，含含糊糊听到先生因病入院的消息，心里一沉，既不敢不信，也不敢确信，更不愿相信，焦虑之下，借约稿之名义给先生发去信息。况且，我多么希望能有幸担任先生大作的责编啊。

不到一刻钟，先生打来电话，开口依然是"杨海蒂吗"。声音不再中气十足，透着虚弱。"我是。"我想笑，又想哭。"我是陈—忠—实。"不是沉着有力的一字一顿，而是有些口齿不清。

先生艰难地问候着，解释着，感谢着；我心酸地答应着，安慰着，祝福着。既不忍心他说下去，又但愿他一直不要挂断。此时此刻，我只有一个心愿，尽快到西安看望先生！

先生坚决不让我前往，都跟我急了。我知道先生不愿意让人看到他的病容，更不愿意给别人增加麻烦。恭敬不如从命。

我痛恨自己屡入秦地不曾拜见先生，到如今，物是人非，想看望而不能。泪水一行又一行，顺着我脸颊流下来。现在，我唯一能做的，只有祈祷和祝福。我发去信息：陈老师您多保重！接到您的电话很高兴很激动，千言万语化为一句话，祝福您早日康复，一切安好，吉祥如意！

接下来的新年佳节中，又给先生发过两次信息，也只是简短的问候和祝福。没有回音。先生只会接信息不会回。我不想向任何人打听先生近况，我怕听到任何不好的消息。

然而，该来的，总是会来。或者说，不该来的，还是来了。

列车依然在辽阔大地上疾驰。窗外，烟雨蒙蒙，万物生长，四季轮回，尘世流转。让我们平静地接受那不可改变的吧，按其现实本相，而非如我所愿。太阳，有升就有落；月亮，有盈就有亏；草木，有荣就有枯；花朵，有开就有谢；人类，有生就有死。死亡是生命最后一个过程，有它的存在，生命才得以完整。死亡并非永别，亲人或朋友会以其他的面貌，开始新的生命。

我相信，先生一定会化身白鹿，回到生他养他的白鹿原；白鹿过处，六合祥瑞，八方吉利。

"春来寒去复重重，掼下笔时，桃正红。独自掩卷默无声，却想哭，鼻涩泪不通。单是图名利？怎堪这四载，煎熬情！注目南原觅白鹿，绿无涯，似闻呦呦鸣。"完成《白鹿原》后，先生填了这首《小重山》，这是他人生第一次填词，可以想象他那时的苍凉心境。

泪眼凄迷，西望长安，注目南原觅白鹿；苍茫天地中，秦岭在，灞桥在，南原在，白鹿何在？

精彩赏析

几千年来，乡土曾经是绝大多数中国人生命的根，乡土社会也曾经是中国人的生活家园。陈忠实关于乡土社会变迁的著名小说《白鹿原》，就是中国当代乡土文学的经典。如果说鲁迅、茅盾、沈从文等著名作家所写的乡土世界是南方的乡土社会，那么陈忠实所写的乡土世界，则是北方的乡土社会，在相当程度上还保留着民族关于乡土真实而深刻的记忆。白鹿原上有白鹿，世间已无陈忠实。作者怀着无比悲伤的心情，以夹叙夹议的写作方式叙述了与陈忠实先生十多年的往事，刻画的交往细节逼真、可信，字里行间充满了凭吊和哀伤的气息，令人动容。这是作者真实内心的生动呈现。作者采用了对仗、对偶、反问等多种修辞手法，对陈忠实先生的思念之情溢于言表，感人至深。

柳建伟：文学推土机

> 两耳不闻窗外事，一心只读圣贤书。先人给我们留下了很多认知，其中认知最彻底、最全面的是圣贤给我们的答案，因为圣贤的品德最高尚、为人最真诚、智慧最圆满，他们给我们留下的经典，也就是圣贤书，是我们一生学习不尽的宝藏。

在鲁院首届作家高研班中，柳建伟同学是一尊"不老男神"。

他宅心仁厚，童心未泯，无论你是现实中面对他，还是端详报刊上的照片、电视上的形象，你看到的都是一个慈眉善目纯真脱俗的男人，从来看不到他有暴戾、庸俗之气。他镜片后小眼睛里透出的目光，总使我情不自禁联想起一个词：气清神定。对，他的目光给我的感觉就是这个。

话也得说回来，虽说"菩萨低眉"是他的常态，可他绝不是个逢人"今天天气，哈哈哈"的老好人，这个貌似白面书生甚至有几分菩萨相的家伙个性强着呢，认准的事情九头牛也拉不回，为"原则问题"他会不虑后果地"金刚怒目"——老虎不发威，当我是病猫？毕竟，他从军 30 多年，一路大踏步地成了而今的中国人民解放军大校——不是文职，是实打实的军衔。

"原则问题"是建伟的口头禅，他常说，做人做事，原则是决不能违背的，道德底线是决不能突破的，这两点当时若守不住，任何事后的修补都无济于事，都回天无力。他以他崇拜的毛泽东为例，说纵观毛主席一生，任何时候主席都没有在原则问题上让过步。毛泽东是他的精神楷模，巴尔扎克是他的文学榜样，他的文学理想和信念就是做巴尔扎克这样的"时代和社会的书记员"。

古人论画，重人品画格，"求格之高，其道有四，一曰：清心地以消俗虑；二曰：善读书以明理境；三曰：却早誉以几远到；四曰：亲风雅以正体裁"（沈宗骞）。文学同理。柳建伟同学追求此四者，格不求高而自高矣。

为了实现"时代和社会的书记员"这个远大的人生目标，建伟同学很勤奋，读书无止境，笔耕永不辍。他老家南阳，位于豫、鄂、陕交界处，凝重务实的中原文化、浪漫飘逸的楚文化、纯朴淳厚的商洛文化，在此地交融汇聚；伏牛山、桐柏山两大山脉，在此地绵延葳蕤。这种地脉，哺育、滋养出他的沉静、坚韧和大气。想必是结了地缘，承了文脉，从南阳盆地走出来的柳建伟，一步一个脚印，一年一茬收成，斩获一个又一个文学影视大奖。

建伟同学认为：作为军营作家，不长于写军事题材，实在有亏职守。

于是，新旧世纪更替之际，柳建伟著《突出重围》横空出世，引起国内外高度关注，也引发西方的强烈兴趣。美国《新闻周刊》为此特地发表文章，观点如下：《突出重围》中未来战争信息战、网络战与黑客作为战争资源的思想，有着前瞻性之重要意义，作者的军事思考即便在美国也属前沿，在战略战术意义上开了先河。

之后，美国组建起网络部队，率先打响了网络战。

新千年伊始，中央电视台一套黄金时段播出根据《突出重围》

改编的同名电视剧，其全新的演习理念，无意间为世界开启了看中国军队如何练兵的一扇窗。当时有篇文章评论道："《突出重围》电视剧，打破了军事演习的'演戏化'，引发军营中铁血男儿猛烈抨击以往的演习弊端——打不赢的敌人不让来，复杂地形不设置，用我军今天的武器对付敌人过去的武器……各大军区受此启发，开始组建蓝军部队。近日鼎鼎大名的朱日和蓝军与各主力比武的训练模式，仍受该剧思想影响……"

王国维先生在《人间词话》里说："对宇宙人生，须入乎其内，又须出乎其外。入乎其内，故能写之；出乎其外，故能观之。入乎其内，故有生气；出乎其外，故有高致。"一向长于写军事题材的建伟，却以反映国企改革的现实力作《英雄时代》而折桂茅盾文学奖，正可印证王国维先生的真知灼见。为能自由出外入内，他从准备到写作花了将近6年时间，期间为了获得商业灵感，还曾与朋友一起做过半年的"星期天珠宝商人"，摆摊兜售名扬天下的南阳独玉玉雕。

不仅仅文学成就斐然，《突出重围》《英雄时代》《惊涛骇浪》《石破天惊》《桐柏英雄》《爱在战火纷飞时》等影视剧作频频亮相央视和各省卫视，更使柳建伟同学获得大量"粉丝"。文学和影视双管齐下，影视奖也几乎尽揽怀中，有段时间，他真是拿奖拿到手软。

何以他会"靶靶击中"？建伟同学私下透露，此中奥妙，无他，乃是因为他总是"杞人忧天"，并时刻牢记文学大师福克纳的教诲："作家的职责永远是提醒人类不要忘记责任、荣誉和献身精神。"建伟说，国人历来缺乏危机意识和忧患意识，而他的作品正是要唤起人们的这种意识。读柳建伟系列小说，观他的系列剧作，你不难发现，他正是在用自己的铁笔，践行着福克纳的名言。

担任八一电影制片厂厂长的柳建伟，不可能"两耳不闻窗外事，一心只读圣贤书"。他兴趣广泛，摄影、下围棋、拉小提琴……这些个科目，是爱好，也是特长，而足球、篮球、网球，尤其是赛车，他则"虽不能至，心向往之"，每逢赛事，若无火烧眉毛的加急事件打扰，他必定废寝忘食地牢牢盯着电视机观赏，连情不得已须上卫生间时，都要拉开一条门缝竖起耳朵来听。他骨子里是很孩子气的，不记得掩饰的时候，不经意间就会流露出孩童之态，不信的话，你开始留意他的笑容吧。

建伟同学性格内敛，不好主动交朋结友，不愿花费心思去维持一些人际关系。然一旦与人成为朋友，他会非常仗义。朋友有难，他绝不会袖手旁观；同学聚餐，他总是率先大碗喝酒，属于"入席后最先喝晕"那种"大傻"；别人让他帮忙拿主意，或者请他"提批评意见"，他会觉得不掏心掏肺就对不起人家，自然要"知无不言，言无不尽"，毫不虑己。是故，有时也难免会得罪人，会落得个吃力不讨好的下场。那时候，他只有尴尬苦笑，暗自后悔。然而，过不了多少天，他保准又会踏进同一条河流。

对外人尚且如此赤诚以待，对家人的"忠孝节义"可想而知。作为一个中原男人，一个枝权庞大的家族中的长子长孙独子独孙，他的负担很重责任很大，而且他的责任感似乎是与生俱来的。他对我讲过童年往事：不足三岁的他，咬牙使出浑身力气，从地里拔出一只大萝卜后，满场子追着生产队长讨要工分，逗得旁人哄堂大笑。所谓三岁看老，还真是的。

透露一则他的"八卦"：曾在媒体"2005最佳风云榜"揭晓暨颁奖典礼上（柳建伟长篇小说《英雄时代》荣登"读者最喜爱的文学作品"榜），有女明星嘉宾戴了一副假睫毛，建伟同学很好奇，偷偷观察，悄悄问我："你说，人家是怎么长的呢？"我又好气又好笑，白他一眼："你就别牵肠挂肚了，明天我就去买一副回来粘给你看！"他这才恍然大悟。有次我说给闺密听，她忍俊不禁，刚抿到嘴里的茶水一下喷到我家鱼缸上。

行笔至此，往窗户下一探头，恰好看见建伟同学正慢慢悠悠走来。他那敦实的身体，坚实的步伐，不由使我想起著名评论家、解放军艺术学院副院长朱向前先生对他的评价：文学推土机。用"推土机"来形容他，真是精准、传神。柳建伟的确是一部推土机，拙于外朴于形，而一旦运行起来，开疆拓土动能巨大，浩浩荡荡势不可挡。

精彩
—赏析—

柳建伟，河南南阳镇平人，其作品曾经获得第六届茅盾文学奖。从20世纪90年代中期至世纪之交的第二个阶段，堪称柳建伟发愤蹈砺的发力期，他以人物命运为中心展开结构，最具前瞻性地展示了21世纪中国军队的风貌，显示出不同凡响的"文学推土机"之巨大力量，成为世纪之交中国文坛的一道靓丽风景和柳建伟文学世界的标志性建筑。柳建伟走出了一条五彩斑斓的人生路。本文从柳建伟对待军营作家的职业操守、淡泊名利的个性进行了生动的阐述，并列举了柳建伟大量的生活细节加以佐证，使读者从中一窥柳建伟的真实内心世界，为我们拼凑出一个鲜明的柳建伟形象。

对石榴裙的迷恋

❀ 心灵寄语

> 江山、美人是无数人的梦中追求。人生苦短，岁月悠长。和争夺江山的厮杀相比，能和所爱之人日夜厮守，笑看潮起潮涌、花开花落，不失为一种幸福。

历史表明，美女具有一种神奇的超自然力量，中外皆然。这种超自然力量神奇到什么程度？

古希腊神话中，古希腊人为了美女海伦，发动了一场为期十年的特洛伊战争。海伦太美了。每当海伦出来观战时，双方军队都停止作战，呆呆地望着绝世美女。

英国国王爱德华八世，被妩媚聪明的沃利斯·辛普森强烈吸引，为了跟这位离过两次婚的美国女人结婚，他不惜退位。谁记得住代代更替的一个又一个英国国王？只有"不爱江山爱美人"的温莎公爵，永远被人传颂。

太多太多了，不胜枚举。

而中国古代帝王将相中，同样不乏"爱江山更爱美人"的佳话。远的不说，清朝顺治皇帝出家为僧，便因多情所累；吴三桂"冲冠一怒为红颜"引清兵入关，导致一个美女改变了国家历史的走向，平西王自己也留下千古骂名。

更不用说国人家喻户晓的沉鱼落雁、闭月羞花四大美女，皆为国之瑰宝。她们身上，都是倾国倾城的故事。任你是显赫的帝王，抑或叱咤风云的盖世英雄，有几人不曾拜倒在绝代美女的石榴裙下？

一方水土养一方美女。中国历史悠久幅员辽阔，必然产生多姿多彩的文化，多元的文化里，必然生成风情各异的美丽女性。正是五彩缤纷异彩纷呈的她们，构成了中国文化中最鲜明最生动的一页。

多年来，散文家朱千华兄一直受《中国国家地理》杂志派遣，作田野考察，写奇妙佳文。《中国美女地理》是他的成果之一。这是一部"人文地理＋美女"为主题的地理文化随笔集，作者选取全国九处盛产美女的地区，以地理位置为经，以美女特色为纬，穿插各地风土人情和历史典故于其中，让我们达知历史、闻习风土、品读佳人、浏览山河。

美女是一种地域文化，其文化特性受地理环境影响。比方说，你若到草长莺飞的江南，比如千华兄的家乡——古称广陵、江都、维扬，"烟花三月下扬州"的扬州，便会看到杏花春雨，以及那些水波荡漾般的温婉女子。那么，荒寒的塞外与浩瀚的大漠也盛产美女吗？答案是肯定的。南疆的古丝绸之路、陕北榆林的荒漠之丘，虽然都曾是不毛之地，但因长时期的多民族融合，自古至今不乏俊男美女。

才子多情，江南才子更是占尽风流。虽说未曾与千华兄谋面，但，无论翻开哪一篇，我都可以看出他对于石榴裙的迷恋，此乃印证。在他笔下，从名门闺秀到小家碧玉，从陌上村妇到坊间才女，她们的人生轨迹或寻常或传奇，却都带着旖旎的地理风情，每每读之，便能感觉到柔静芬芳，还有一些多情的枝叶，正随意伸出墙来，撩得我们心头红艳艳的，然后就迫不及待地想：墙里定然是满园春光了。

精彩
——赏析——

　　石榴是美丽女子与纯洁爱情的象征。作者开篇强调美女具有一种神奇的超自然力量，直接切入主题提出了自己的观点，以引起下文。全文分为两个部分：前一部分作者列举了古今中外的典型案例进行阐述，如古希腊神话中为争夺美女海伦而发动的特洛伊战争、英国爱德华八世的爱情故事以及中国古代皇帝爱美人的典故，充分证明美人具有神奇自然力量这一判断。后一部分作者提出美人是一种地域文化，作者以朱千华《中国美女地理》为例来证明自己的观点，全文读来妙趣横生。

在他的诗歌里，跳动着祖国的脉搏

🌸 **心灵寄语**

> 做人要光明磊落。一生一世，生而为人，当有所为有所不为。

什么时代产生诗？

法国 18 世纪启蒙主义思想家狄德罗说："那是在经历了大灾难和大忧患之后，当困乏的人们开始喘息的时候。"英国 19 世纪浪漫主义诗人雪莱说："在这个时候，人们积累了许多力量，能够去传达和接受关于人和自然强烈而使人激动的概念。"

20 世纪 70 年代末到 80 年代初，正是"经历了大灾难和大忧患之后"的中国社会发生巨变的时期。改革开放，把人们的思想从禁锢中解放出来，意气风发的时代，需要呼啸的声音和崇高的壮美，以激励国人变革的昂扬斗志。

正所谓"诗言志"、诗歌"为时为事而作"。在那场深刻的社会变革中，在那次伟大的思想解放运动中，诗歌首先被唤醒，诗人们最先行动。雷抒雁走在最前列。他以狂飙突进的方式在诗歌的道路上前行，先是写下《希望之歌》，满怀激情为中华民族的未来高歌；接着写下《种子啊，醒醒》，喻改革开放为华夏神州希望的种子。

短短时间内，佳作接连问世，社会反响热烈，他声名鹊起，然而，依然冷却不了他沸腾的热血，平静不了他狂热的心灵。

雷抒雁永远忘不了 1979 年 6 月 7 日。那天，当他捧读着披露张志新烈士事迹的报刊时，他仿佛听到一声惨烈的枪响，看到一个美丽的身躯凄然倒下。怒火蹿上心头，将他的胸膛烧灼得剧痛，他像一匹被关在笼子里的困兽，两眼发红坐立不安。他猛然拿起报刊出门，到处找人讲述和争论，以宣泄内心的愤懑与痛苦。

他要呼喊，他要控诉！是啊，有情怀作家的人文精神里，对待暴行，沉默就是犯罪！

万籁俱寂中，辗转难眠的雷抒雁，思想在天地间翱翔。渐渐地，散乱的思维开始聚拢，瞬间的感觉得以捕捉，一个景象浮现到他眼前挥之不去：一摊触目惊心的鲜血上，滋生出一片生机勃勃的野草。有了！苦苦寻觅的诗歌形象，就这样命定般跃入他的脑海。他难以抑制住兴奋，一跃而起，奋笔疾书。

"风说：忘记她吧！我已用尘土，把罪恶埋葬！雨说：忘记她吧！我已用泪水，把耻辱洗光！"

气势如虹扑面而来，惊天地泣鬼神。

到凌晨 4 点，《小草在歌唱》诞生了！它"是在塑造一个生命，一个有血有肉、敢笑敢骂、有愤怒有喜悦的活生生的生命，而不是在写那些横卧在稿纸上的押韵的字行"。看着眼前的诗行，雷抒雁想唱，想喊，想哭，又想笑。

《小草在歌唱》构思新颖独特，内容丰盈凝重，全篇采用虚实结合的艺术手法，采用类比、烘托、意象等艺术手段，以小草作为贯穿始终的线索，借助形象表现情感，用以象征人民和烈士，从而营造出浓烈的悲剧氛围。它一反之前政治主题诗简单、直白、浅显的唱诗班式的歌颂。在抒情层次上，它从小到大由远及近，从凄婉的诉说到激昂的控诉，从悲愤的呐喊到深情的歌颂，一步步引向情感高峰；在内容层面上，它不仅追忆女英雄，更质问法律、良心、天理，反思全社会和"我"浑浑噩噩的生活，有批判有自审、有血性有情思、有正气有灵性；在诗篇结尾处，融入作者的理想和希望，呼吁社会正义，呼唤人性良知，体现出其心灵深处的裂变和觉醒，思想深刻、艺术饱满、精神内涵强大；美丽高洁的女英雄，在诗中化为光芒四射的夜明珠、光耀大地的启明星，更使诗篇兼具清新、含蓄、真挚、冷峻、深邃、刚劲之美。

《光明日报》以整版篇幅刊载《小草在歌唱》，《诗刊》也将其隆重推出。

《小草在歌唱》，"带着诗人的悲愤、欢欣、意志、理念和情感，深入到生活的底层，唤醒了整个神州大地"，引起巨大的社会反响，被形容为"重磅炸弹"，震撼着沉闷已久的诗坛，为中国诗歌打开了一个新局面，确立了新时代中国"政治抒情诗"这一诗歌美学的典范，成为新时期文学史上的诗歌名篇。有评论家认为它"是新现实主义的开篇"；有评论家认为它"是新时期军旅文学的先声之作"。大学将它收入课本，报考艺术院校的学生以它应试朗诵，一批又一批读者在它的熏陶下，树立起高尚的人生价值观。

雷抒雁一举成名天下知。20世纪80年代，是文学的鼎盛期，也是诗人的黄金期，当时，信封上只要写着雷抒雁三个字，就能准确地邮送到他手中。

刚释放出狱的胡风读罢《小草在歌唱》，激动得提笔给雷抒雁写信表达激赏；作家铁马在牢房里读到它，感知到一个新时代的来临，他说："这首诗像一阵春风，给我报告了春天到来的信息。"

那时候，诗歌朗诵会在全国遍地开花，而必备节目就是《小草在歌唱》，很长一段时期里，只要拧开收音机，总能听到有人在朗诵《小草在歌唱》。

《小草在歌唱》影响了雷抒雁的一生。

"小草热"方兴未艾，雷抒雁趁热打铁发表《让诗歌也来点"引进"》与作家阎纲探讨："关于诗，我以为解放的步子太小了。我想了想，问题恐怕不仅仅在于敢不敢说真话。现在不是有许多诗在说真话吗？为什么反响仍不强烈？原因是多方面的，但是缺乏表现力，写得造作、拉杂、肤浅是重要原因。许多诗不是大白话就是顺口溜。我想，要打破这种局面，诗人必须放开眼界，来点'引进'。"

在当时，说这些话需要非凡的勇气，果然，他的直言不讳引起广泛争论，他也成为一些人攻击的靶子。不过他不在乎，行止在己毁誉由人。

虽然屡屡以诗歌的触角接近政治，但雷抒雁并不只是写长篇政治抒情诗，也写精练唯美的性灵诗。他不仅是诗思敏捷的政治诗人，也是才华横溢的抒情诗人。曾经，艾青就兴奋不已地写下《读雷抒雁的〈夏天的小诗〉》，称颂他的性灵诗"是真正的小诗，语言精练，达到了明快、单纯、朴素的标准，使人读了之后，留下了深刻的、奇特的印象……每一首都带来一股逼人的清新的气息"；后来，诗坛常青树、著名老诗人李瑛，不顾年迈眼花亲笔写下长文为其喝彩，"单纯、清新、凝练、隽永，一首首都像一粒粒圆润晶莹的珍珠，又朴实又华美……无论写大自然，或人间真情或人生感悟，都充溢着一种灵气，写得十分聪明"。

在创作中，雷抒雁最为追求的是全诗造成的意境。他有多首诗歌被选入高考试卷，被译成多种文字在国外流传，他获得过国内几乎所有重大诗歌奖项。

好诗多出于里巷，名诗多产于民间。"风清月冷水边宿，诗好官高能几人？"这种现象在中国尤甚，所谓诗穷而后工。但诗歌缪斯似乎对雷抒雁格外垂青。他的诗，既符合主流意识形态，也没有失去自我。他以诗歌保持个性独立，以艺术保护单纯之心；豪放不拘的诗人、严谨务实的官员，在这两者之间，他游刃有余地转换着身份和角色。

他写现代诗，却喜欢研究古文字，爱读线装书。他最爱读、常读的是《诗经》。在他看来，现在的诗和《诗经》中的诗相比少了单纯。他羡慕古人本真单纯的情感生活。

"爱情是最古老的一种情感表现方式，"他说，"古人唱自己编的歌，今人唱专家编的歌。古人用自己的心打动别人，现代人借别人的心打动自己。"十年前，我与雷抒雁先生同时参加"全国散文名家北戴河金秋论坛"，师生首次海阔天空地聊，他慷慨陈词："情诗都不是为眷属写的，一旦进入婚姻，就写不出情诗了。"鉴于师道尊严，我没敢接话茬，失去了一次深入挖掘诗人内心世界的难得机会。

《诗经》，作为中国诗歌的根基和文学源头之一，受到中华民族近乎膜拜的尊崇。然而，在经、传、注、疏的解读下，它变得越来越深奥和神圣，经过宋朱熹、元汤显祖、明徐光启、清陈启源等大儒们注解后，更俨然成为儒家经典。历朝历代的《诗经》研究都或多或少受到政治和道德观的影响，甚至连"五四"时期的闻一多都认为它是一部淫书，是统治阶级用来欺骗人的工具。

《诗经》到底是《烈女传》那样的德育教科书，还是先人表达内心真情实感的诗歌？

雷抒雁认为，"《诗经》应该是诗，不应该是经，最早它应该是原生的，是一部可爱的自由诗，像我们的信天游，像陕北民歌"。他要把它从儒家礼教的思想禁锢中解放出来，还原它自由的诗性和鲜活的民歌性，给大众提供一本轻松进入《诗经》的现代诗论书。在解读中，他不拘泥于事和史，以口语和民歌形式译写，并掺入自己的心声，所以，他的译作《还原诗经——远古的回响》，读来平易流畅又富情趣理趣。

写诗译诗之外，雷抒雁也写散文随笔，在诗歌和散文两个园地里出此入彼。他永远都是诗人，即使在写散文的时候。他的散文大气典雅，哲思和美感交融，既凝练沉郁又文采飞扬。他有多篇散文被选进全国高考和省、市中考语文试卷。

然而，他散文的光辉被他诗名的光芒遮蔽了。《小草在歌唱》成为他一直难以逾越的高峰，不知道这是他的幸运还是悲哀？

而对于雷抒雁来说，这些都不重要，重要的是能写诗，以诗歌丰富自己的人生。"没有诗的生活／是没有火的夜晚／是没有花的春天／是没有雨的苦旱。"这是他的夫子自道。他对文字始终心存敬畏，他要求自己的文字必须是从血管里流出来的。他说他这一生就干了一件事，那就是文字。从中学时代起发表作品，大学毕业被部队披沙拣金挑选入伍到《解放军文艺》当诗歌编辑，之后任《诗刊》副主编，再担任鲁迅文学院常务副院长，的确，他职业生涯尽与文字打交道：写文字、读文字、编文字、教文字、讲文字。

他寄语读者和诗人："诗人，应该是世界上最拥有仁爱之心的群落，应该是情感波展幅度最广阔的人群。"

他正是仁爱仁义之士。他将书房命名为"三不堂"，意为不害人、不媚人、不怕人，足见其襟怀之磊落、心地之澄明。岂止不害人、不媚人、不怕人，他更侠肝义胆帮助人关爱人。主政鲁迅文学院时，为了确保下属能评上正高职称，他把最符合条件的自己压下，只把下属报了上去，不惜浪费一个名额。当从我好友处得知我处境艰难时，这位文坛人所周知的铮铮硬汉，为我这个没有交道更无交情的晚辈学生（虽然雷院长和蔼可亲礼贤下士，但我自知不才不器，而且性格内敛被动，在鲁院高研班学习时，从未与之主动攀谈，仅有过"两语之交"：中秋联欢晚会上，他称赞我"舞蹈跳得比一般的专业舞蹈演员还要好"；学员到西柏坡参加社会实践时，我请求与之合影），竟然屈尊纡贵地向有关人士求情："现在是她最难的时候，你就帮帮她吧……"

得知此事，我泪流满面。虽说大恩不言报，但无论如何我也应该表达一下感激之情。民以食为天，我以恳请恩人吃饭聊表谢意，顺便采访。我有幸聆听到诸多高见：

"文学问题很多，诗歌问题更多，诗离读者越来越远了。

"雕琢的诗，或冷漠的诗，大约是缺一口气。现在我们的诗人，能写情歌的很多，能写国歌的找不到，我们现在就缺少大胸怀的大诗人。一个诗人应该是有思想的，他的诗应该更多的跟我们的国家、民族、人民的命运连在一起。

"好的诗人也应该是个哲人，他提供给读者的，不仅是审美的，同时也应该是启迪的、思考的。

"写作，没有难度就不会有精品。古人'白头搔更短''两句三年得'，现在呢？都想走捷径，都太随意，不想费脑子而想写出好作品，可能吗？写出一大堆口水诗，读者能满意吗？诗人要自重！"

越说越激动，诗人的激昂和倔强毕露。我理解他的痛心疾首，体会到他对当今诗坛恨铁不成钢的心情。好友悄悄告知：雷老师本色、血性，曾在回陕西老家的车上路见不平时，立刻挽起袖子跟人打起来，根本不顾自己身份。我哑然失笑，好友赶忙在桌子底下偷偷捅我。

结账却被他捷足先登，理由是：一个绅士不会让女士买单的，我是老师也不应该让学生买单。出餐厅时，他发现我随意穿着凉拖鞋，立刻疾言厉色批评，言辞之激烈，简直让我的自尊心受不了。我明白和感动于他的一片苦心。"非我而当者，吾师也"，他永远是我的严师、良师、尊师、恩师。

不久，神州大地遭遇罕见雨雪冰冻灾害。祖国和人民有难，雷抒雁自然不会缺席。他紧急奔赴灾区。出于纯正的政治热情，出于纯真的赤子之心，又因为葆有敏锐的内心体验，葆有作为诗歌粮食和薪火的激情，他很快挥就豪壮而又温情的《冰雪之劫：战歌与颂歌》。即使用比较符合官方需求的写法，即使后来被评论家批评"没有延续原来的高度"，这首诗风刚正的大气之作，在几十万首同类诗歌中，明显鹤立鸡群，超越于群体。

《冰雪之劫》，使雷抒雁的名字再度响亮。外地读者激动地打电话到报社："多年不见这样充满激情的好诗，灾区的朋友读来能汲取温暖，参与抗灾救灾的朋友读来能充满力量。"人民网网友留言："这才是真正中国气魄的好诗，时代需要这样的诗歌，需要雷抒雁这样的诗人……"

评论家李星说，雷抒雁的诗，赋予政治抒情诗以新的内涵，从小我之中可见大我。

"他是人民的诗人，道出了人民的心声。"读者如是说。

被人民亲切热诚地称为"人民诗人"，对于雷抒雁来说，是比任何奖项都要高的荣誉。但他保持着清醒的头脑，说："人民诗人，是对我的鞭策，我觉得自己担当不起，但我希望能为人民多写点儿东西。希望我的每一句诗都是为了人民，希望我永远是人民的代言人。"

我想起四度获得普利兹诗歌奖的美国"农民诗人"罗伯特·伊洛斯特的明智和谦逊："我不敢自称为诗人，还是让世界来评判你是不是诗人！"

面对媒体采访，雷抒雁再次表达文化忧愤，话语掷地有声："我写这样的诗，一半是为我们的国家和民族写作，大难有大爱；另一半是为自己写作，即为诗人的尊严写作！"

言出有因。

曾经，文学在市场经济狂潮中边缘化，诗歌更是被世俗化、功利化、欲望化的潮汐湮没，加上它自身的口水化、恶俗化，越来越多的诗歌不再创造和传播美，反而以审丑取代审美。而诗歌界的中西、雅俗、新旧之争又纷纭杂沓莫衷一是，更让人们对诗歌的审美难以达成共识，诗坛呈现出泥沙俱下鱼龙混杂的景象，诗歌沦入十分尴尬的境地。"遍地都是写诗的人，但诗人却不见了"，评论家感叹。

叛逆和破坏，使诗人日渐矮化，使"诗人"称号更多地意味着边缘、疯癫、喧嚣和可笑，于是，被誉为"心灵的舞蹈、思想的体操、情感的喷泉、精神的路标"的诗歌，曾被无数人视作生活元素、灵魂寓所和精神钙质的诗歌，渐渐从人们的视线淡出，与大众的关系日益疏远，其社会责任意识越来越薄弱，其社会功用越来越弱化。诗人与社会双向背离。

可是，如果没有诗歌，没有它优美的韵律深远的智慧，我们的心灵将会变得多么粗糙，我们的生活将会变得多么乏味啊！文学是一切艺术的灵魂，诗歌是文学花园中最瑰丽的花朵，是"神对人类的悄悄耳语"。美好的诗歌，发散出的声音是那么幽远，散发出的香味是那么芬芳，它能够涤荡世俗的尘埃，唤醒人类的心灵，让人们诗意地栖居和生存。

不仅如此，对于一个强盛的国家和民族来说，诗歌还应该是它政治思想中的伟大因素。西方的但丁、弥尔顿、雨果等，都向我们昭示：伟大的诗歌，与哲学和政治是不可分的。中华民族则自古就将诗教作为传统，将诗歌作为前进的火把；曾经，光未然一首《黄河大合唱》，激发了多少中华儿女对祖国的赤胆忠心；艾青的《大堰河，我的保姆》，激起了多少炎黄子孙对故土的无限深情……如今，任重道远的中华儿女炎黄子孙，更需要黄钟大吕之声的政治抒情诗篇，更需要气魄宏大的杰出政治诗人。

诗歌是永恒的，人类永远需要诗歌，需要真正有价值的诗歌，需要被人民认可的诗歌，需要永远被铭记和传扬的诗歌。

雷抒雁，始终以广阔的社会变革、政治进步、文化繁荣为创作背景，写出了许多优秀诗篇，让读者通过他的情感表达来认知时代变迁。在他的诗歌里，跳动着祖国的命脉，他的诗歌，构成了中国当代抒情诗的重要收获。他是人民永远尊崇的诗人。

精彩赏析

雷抒雁，陕西泾阳人，当代诗人、作家，其成名作是为纪念张志新而写的长诗《小草在歌唱》。本文夹叙夹议，高度评价《小草在歌唱》构思的新颖独特，内容的丰盈凝重。作者从《小草在歌唱》出发，介绍了雷抒雁的成名史。通过介绍雷抒雁的一些逸事和言论，为我们勾勒出了一个潜心于探索诗歌艺术，醉心于诗歌创作，同时充满了人文情怀的当代诗人形象；同时，作者也通过写雷抒雁，表达了对当下中国诗坛一些现象的担忧，对诗歌艺术没落的感慨。

预测演练四

1.阅读《永恒的星辰》，回答下列问题。（11分）

（1）结合全文，概括白求恩帮助中国抗日的主要事迹。（3分）

_____

_____

（2）为什么中国和加拿大人民不断以各种形式缅怀白求恩？（4分）

_____

_____

_____

_____

（3）作者为什么以《永恒的星辰》为题目？（4分）

_____

_____

_____

_____

2.阅读《我去地坛，只为能与他相遇》，回答下列问题。（14分）

（1）作者为什么要去地坛？（3分）

_____

_____

（2）你认为史铁生是一个怎样的人？（4分）

_____

_____

_____

（3）作者认为，史铁生的散文有怎样的特点？（4分）

_____

_____

_____

（4）作者为什么借用萨特的话，说史铁生"他的作品使他永恒，因为它就是他"？（3分）

_____

_____

3. 写作训练。（60分）

最高级的幸福感来自崇高的信仰，最大的永恒的快乐来自心灵。心灵的超拔、理想的庄严、精神的明亮、道德的高尚、信念的坚定，使人的灵魂高贵、超凡、脱俗。

要求：仔细阅读材料文字，明确主题思想，题目自拟，体裁不限，不少于800字。

参考答案

★ 试卷作家真题回顾 ★

【北面山河】

1.D（3分）

2.B（3分）

3.①波罗历史悠久，文化厚重，声名显赫。②详细叙写波罗，有助于表现横山古城的深厚历史底蕴和浓厚文化气息，从而丰富文章内涵，凸显主题。（4分）

4.①描写横山古堡古寺气势恢宏、历史悠久的文化厚重之"气"。②表现横山儿女强健、悍勇、刚烈的精神之"气"。③表现信天游、老腰鼓粗犷有力、激昂刚劲的豪放之"气"。④叙写横山儿女浴血苦战、为革命做出重大贡献的奋发之"气"。（6分，答出三点即可）

【永远的丰碑】

1.B（3分）

2.B（3分）

3.①方志敏具有崇高的革命信仰，他坚决执行中央指示，为革命事业甘愿抛弃生命，视死如归。②方志敏品性高洁，他坚守清贫本色，勇于反思自己，为接应后续部队重返敌人的包围圈。③方志敏眼光高远，见识不凡，他创造性地开展革命工作，建立了伟大的革命功勋。④方志敏集坚定的意志和高尚的情操于一身，他才华出

众，富有理想主义精神和浪漫主义气质，在诸多领域都取得了卓越的成就。（4分）

【隐匿的王城】

1.B（3分）

2.a处，紧承上一个自然段所问作答，多种推测聚集，起到了体现石峁古城之古老和神秘莫测的作用。b处，突出了对"黄帝之墟"一说的赞美之情，有节奏感，显得感情洋溢、气势更加强烈。c处，从三个维度赞美石峁古城这处文明古迹，彰显其史诗般的历史价值，为石峁文明能登上人类文明史的世界舞台张本。（6分）

3.①它是中国乃至东亚最大史前古城。②它可能就是"黄帝之墟"。③它是"长城以北列祖列宗"观点的有力的明证，拓宽了中华历史文明研究的视野。（6分）

★试卷作家美文赏练★

【预测演练一】

1.（1）运用了明喻的修辞手法，刻画出阳光照射下的尖峰岭天池美景的妙不可言。（3分）

（2）这里采用了侧面烘托的笔法，用蝴蝶对森林的"热爱"、蝴蝶的五彩斑斓，去烘托山林的美丽，使其更突出，更迷人。（3分）

（3）C（4分）

2.（1）列数字、作诠释。准确具体地说明了鹦哥岭是海南第二高峰，是海南最年轻、陆地面积最大的国家自然保护区。（3分）

（2）不能删去。"绝大部分"起限制作用，表明所指并非全部，如果删去，就成了全部财富，不能体现说明文语言的准确性。（3分）

3.略

【预测演练二】

1.（1）玉，是君子的象征；玉，是财富的象征；玉，是权力的象征；玉，是吉庆、祥和、幸福等精神美的象征；玉，又是和平的象征。（3分，答出三点即可）

（2）"君子必佩玉""言念君子，温其如玉，故君子贵之也""君子无故，玉不去身""宁为玉碎，不为瓦全"，佩戴玉，以玉寄托高洁理想，经常提醒自己牢记玉的品德，务必守身如玉般修身养性。（3分）

2.（1）陕西的历史、陕北英豪辈出、革命圣地延安、延长石油、延安精神、延安文化等。（3分）

（2）这句话运用对比的手法，将延长石油生产的灯油与"洋油"进行对比，写延长石油开创了中国石油加工的历史先河，进一步突出延长石油的重要性。（3分）

（3）石油是优质的动力燃料的原材料，石油是提炼优质润滑油的原料，石油是重要的化工原料。（3分）

（4）文章从陕西的历史讲起，分别从陕北英雄辈出、革命圣地延安、延河、延长石油、延安精神、延安文化等方面进行讲述，表达了作者对陕北风情、历史的赞叹与热爱之情。（3分）

3.略

【预测演练三】

1.（1）作者引用了许多吟咏花卉的古诗，来赞美毕节的桃花、梨花、茶花等，增强了文章的说服力，突出了毕节花的种类多和各种花卉的美丽，也为文章增添了文化色彩。（4分）

（2）珙桐是一种非常古老的植物，它的花像白鸽；"布朗李"又名玉梅，洁白素雅，成片的花像白云；大马士革玫瑰，红艳艳娇滴滴，可以用来生产玫瑰精油，带动地区脱贫。（6分）

2.（1）使用比喻的修辞手法，将哈尼梯田四季的景色比喻为木刻、水彩、版画和油画，赞美了哈尼梯田的风景如画、美不胜收，也十分生动地写出了哈尼梯田四季景色的特点。（4分）

（2）哈尼梯田是人们为了发展农耕，巧妙利用当地地形所开发出的一种独特的农业景观，它既为人们解决了耕种问题，又造就了美轮美奂的风景；既体现了大自然的神奇，也体现出人类的创造力。（4分）

3.略

【预测演练四】

1.（1）上抗日前线，做战地手术、救治伤员；发明医疗设备，建立医疗场地；培养医务人员，编写医疗教材。（3分）

（2）白求恩不辞劳苦、不惧牺牲投身国际反法西斯战争，并援助中国抗日，利用自己的医学才能为促进世界和平做出了极大贡献，他的崇高信仰和伟大精神值得世界人民铭记。（4分）

（3）白求恩所做的贡献及其精神具有跨越时代的意义，他的事迹会千古流传，如一颗永恒的星辰，与山河同在，与日月同辉，以此为题也表达了作者对白求恩无限的崇敬之情。（4分）

2.（1）受史铁生《我与地坛》等作品及其精神的影响，想到地坛寻找史铁生的足迹，感受他的心魄与气息，体现了作者对史铁生的敬仰。（3分）

（2）史铁生是一个坚强乐观、良善纯真的人，面对年轻即遭瘫痪的命运，他没有向命运屈服，并且一直与病魔斗争，最终通过写作实现人生价值与生命意义。（4分）

（3）史铁生的散文有悲痛成分，但始终祥和、安静、宽厚，兼具文学力量和人道力量，以赤子之心看待世界，作品中流露出真、善、美、慧。（4分）

（4）史铁生的作品从自身经历出发，并站在人文视角来思考关于命运、人生、灵魂等一切世界普遍问题，体现了他的智慧与悲悯之心，其作品永存，精神永恒。（3分）

3.略

— 试卷上的作家 —

初中生美文读本

序　号	作　者	作　品
1	安　宁	一只蚂蚁爬过春天
2	安武林	安徒生的孤独
3	曹　旭	有温度的生活
4	林　夕	从身边最近的地方寻找快乐
5	简　默	指尖花田
6	乔　叶	鲜花课
7	吴　然	白水台看云
8	叶倾城	用三十年等我自己长大
9	张国龙	一里路需要走多久
10	张丽钧	心壤之上，万亩花开

高中生美文读本

序　号	作　者	作　品
1	韩小蕙	目标始终如一
2	林　彦	星星还在北方
3	刘庆邦	端　灯
4	刘心武	起点之美
5	梅　洁	楼兰的忧郁
6	裘山山	相亲相爱的水
7	王兆胜	阳光心房
8	辛　茜	鸟儿细语
9	杨海蒂	杂花生树
10	尹传红	由雪引发的科学实验
11	朱　鸿	高考作文的命题与散文写作

全真模拟考场

高频必刷真题，演练出高分

应试技能直升
阅读专题精讲，考试有高招

"码"上进入

阅读提分
充电站

学 业 提 升 有 计 划

扫码进入

作文精修助手
在线纠错润色，练就范文水平

命题热点课代表
趋势快讯一手掌握，轻松迎战高